Scheuermann-Staehler
AutoLISP

1655-VS

16 55-15

Günter Scheuermann-Staehler

AutoLISP
Einführung für AutoCAD-Praktiker

mit Entity-Übersichtstafel

2., durchgesehene Auflage

Carl Hanser Verlag München Wien

Der Autor:
Dipl.-Ing. Günter Scheuermann-Staehler
Fachschule für Technik, Würzburg

Alle in diesem Buch enthaltenen Programme und Verfahren wurden nach bestem Wissen erstellt und mit Sorgfalt getestet. Dennoch sind Fehler nicht ganz auszuschließen. Aus diesem Grund ist das im vorliegenden Buch enthaltene Programm-Material mit keiner Verpflichtung oder Garantie irgendeiner Art verbunden. Autor und Verlag übernehmen infolgedessen keine Verantwortung und werden keine daraus folgende oder sonstige Haftung übernehmen, die auf irgendeine Art aus der Benutzung dieses Programm-Materials oder Teilen davon entsteht.

Die Deutsche Bibliothek – CIP-Einheitsaufnahme

Scheuermann-Staehler, Günter:
AutoLISP : Einführung für AutoCad-Praktiker / Günter Scheuermann-Staehler. – 2., durchges. Aufl. – München ; Wien : Hanser, 1992
ISBN 3-446-17152-5

ISBN 13: 9783446171527

Dieses Werk ist urheberrechtlich geschützt.
Alle Rechte, auch die der Übersetzung, des Nachdrucks und der Vervielfältigung des Buches, oder Teilen daraus, vorbehalten. Kein Teil des Werkes darf ohne schriftliche Genehmigung des Verlages in irgendeiner Form (Fotokopie, Mikrofilm oder ein anderes Verfahren), auch nicht für Zwecke der Unterrichtsgestaltung – mit Ausnahme der in den §§ 53, 54 URG ausdrücklich genannten Sonderfälle –, reproduziert oder unter Verwendung elektronischer Systeme verarbeitet, vervielfältigt oder verbreitet werden.

© 1992 Carl Hanser Verlag München Wien

Satz: Lichtsatz Gruber, Regensburg
Druck und Bindung: Druckerei Sommer GmbH, Feuchtwangen
Printed in Germany

Vorwort

Das CAD-System AutoCAD verdankt seinen Erfolg und seine sehr allgemeine Anwendbarkeit vor allem auch seiner offenen Programmphilosophie. Jeder Anwender, in welcher Branche er auch tätig ist, kann mit AutoCAD arbeiten und dieses CAD-System mit der gleichen Effizienz einsetzen (Maschinenbau, Elektrotechnik, Elektronik, Architektur, Anlagenbau, Energietechnik, Textil, Graphik, Design, Werbung etc).

Die damit in Verbindung stehende Freizügigkeit in der Programmausführung kann nur durch eine ebenso großzügige Offenheit in der Programmstruktur erreicht werden. Der Anwender muß sich sein eigenes CAD-Programm aus AutoCAD machen können, das System muß auf seine speziellen Anforderungen hin anpaßbar sein.

Flexibilität im Zusammenhang mit neuen Technologien (CA-Technologien) setzt an erster Stelle flexible Software voraus.

Die Notwendigkeit der Programmanpassung ergibt sich bei professioneller Anwendung ständig im Bereich der Programmoptimierung, der Produktivitätssteigerung, der Menueanpassung, der CAD-Datenverarbeitung (CNC-Programme, Stück-, Teilelisten, Lagerverwaltung usw.).

AutoCAD stellt für diese Ansprüche eine eigene Programmiersprache zur Verfügung, die vor allem wegen ihrer Leistungsfähigkeit im Bereich der sog."künstlichen Intelligenz" bekannt wurde, die Sprache *LISP*. LISP steht dabei für "List-Processor", einem "Listen-Verarbeiter".

Wie in jeder Programmiersprache, so gibt es auch in LISP verschiedene Dialekte, die sich jedoch nicht so sehr voneinander unterscheiden. Für große Rechenanlagen ist Common-LISP ein Standarddialekt. XLISP ist beispielsweise eine LISP-Version kleineren Umfangs für Personal-Computer und als "free software" sehr günstig zu erhalten. Der LISP-Dialekt, der in AutoCAD implementiert ist, hat weitgehende Ähnlichkeit mit XLISP und trägt den Namen *AutoLISP*.

AutoLISP arbeitet als Interpreter und ist seit der AutoCAD Version 2.18 fester Bestandteil von AutoCAD und wird mit jeder Version erweitert. Mit AutoLISP lassen sich :

```
- CAD-Befehle an eigene Anforderungen anpassen
- eigene CAD-Befehle programmieren,
- Variantenprogramme erstellen,
- Berechnungen ausführen,
- alle AutoCAD-Befehle aufrufen,
- Geometrien programmieren,
- Menuefunktionen kreieren,
- CAD-Daten extern aufbereiten
usw.
```

Dieses Buch stellt eine grundlegende Einführung in diese Thematik dar. Der Anwender findet den Einstieg in AutoLISP und kann dieses Buch auch während späterer Programmierphasen als praktisches Nachschlagewerk benutzen. Es beschreibt in einzelnen übersichtlichen Kapiteln und Abschnitten den befehls-logischen Aufbau von AutoLISP anhand vieler Beispiele, die alle auf IBM-kompatiblen PC's erstellt und erprobt wurden.

Der Lernende wird nach einer allgemeinen AutoLISP-Programmiereinführung systematisch in die mathematischen und geometrischen Funktionen, in die Listenverarbeitung, in die Eingabe-, Ausgabe- und Dateifunktionen, in Programmverzweigungen und Rekursionen, in den Umgang mit Systemvariablen und in die Arbeit mit der AutoCAD-Zeichnungsdatenbank, den Entities, eingeführt. Ein eigenes Kapitel mit Tips und Tricks sowie eine Fülle verschiedener nützlicher, praxisorientierter Programme runden das Thema ab.

Für die Arbeit mit diesem Buch sind keine Programmierkenntnisse erforderlich, es sollten jedoch sichere Grundkenntnisse aus der Arbeit mit dem Programm AutoCAD vorhanden sein.

Mindestvoraussetzung für das Arbeiten mit AutoLISP ist ein PC, eine AutoCAD-Version (auch eine DEMO-Version ist möglich) und ein Texteditor (Textprogramm), mit dem reiner Programmtext erzeugt werden kann.

Würzburg, Februar 1989   Günter Scheuermann-Staehler

Hinweis zur zweiten Auflage

Die erste Auflage war bereits nach zwei Jahren ausverkauft. So gab die zweite Auflage Gelegenheit, Fehler auszumerzen und kleine Verbesserungen im Text anzubringen.

Hinweis für den Leser

Die Schreibweise der AutoLISP-Funktionen in diesem Buch:

- Funktionsnamen sind in Großbuchstaben gedruckt: SETQ
- vom Programmierer einzugebende Argumente stehen zwischen spitzen Klammern: <Punkt>
- wahlweise (optionelle) Argumente, die vom Programmierer eingegeben werden können stehen zusätzlich in eckigen Klammern: [<Anfrage>]

Trainingszentren ATC's

Über ganz Europa verteilt gibt es ein Netz von unabhängigen, autorisierten Trainingszentren (ATC's). Diese Trainingszentren werden von der Firma Autodesk mit den jeweils aktuellsten Informationen versorgt. Alle ATC's führen Beratungen und Schulungen und mit Autodesk-Produkten durch, verkaufen jedoch weder Hard- noch Software.

Inhaltsverzeichnis

KAPITEL 1 : Einstieg in die AutoLISP-Programmierung 1

1.1 Was ist AutoLISP? Eine historische und grundsätzliche Einführung 2

1.2 (..) ; Programmstruktur mit Klammern und Strichpunkt 4

1.3 Variable, Datentypen, Atome, Listen, etc. 5

1.4 TRUE oder NIL : Sein oder Nichtsein 7

1.5 Direktmodus in AutoCAD, AutoLISP und Mathematik 8
    1.5.1 Die Grundrechenarten (+ – / *) 9
    1.5.2 (SIN ...) (COS ...) (ATAN ...) Trigonometrische Funktionen 11
    1.5.3 (= < > /=) Vergleichsfunktionen 12
    1.5.4 (OR ...) (AND ...) (NOT ...) Logische Funktionen 13
    1.5.5 Direkte Übung mit Variablen 14
    1.5.6 Das Zeichen "!" 15

1.6 Das erste AutoLISP-Programm und der Befehl "EDIT" 16

1.7 (DEFUN ...) Definieren einer Funktion, globale und lokale Variable 18
    1.7.1 AutoCAD-Befehle (DEFUN C:...), (DEFUN S::...) 20

1.8 (LOAD ...) Ein Programm wird geladen 21

1.9 (SETQ ...) Set Equal – übergeben von Werten an Variable 22

1.10 (COMMAND ...) AutoCAD-Befehle durch AutoLISP ausführen DIN-A3.LSP
Einen DIN-A3 – Rahmen per Befehl zeichnen 23

1.11 PROGRAMM 1 – ... **BERECHNG.LSP** 25
    Verschiedene Berechnungsprogramme 25
    Grad-Bogenmaß 25
    Kreisumfang 25
    Zoll in mm / mm in Zll 25
    Tangensfunktion 25

**KAPITEL 2 : Eingabe- und Ausgabefunktionen,
Abstands- und Winkelgeometrie** 27

2.1 (GETPOINT ...) Die Eingabe eines CAD – Punktes 29
    KR-2.LSP zeichnet Doppelkreise 29

2.2 (GETDIST ...) Die Eingabe einer Entfernung 31

2.3 (GETANGLE ...) Die Eingabe eines Winkels 32

2.4	(GETCORNER ...) Einen zweiten Punkt als Diagonalpunkt eines Rechteckes eingeben	33
2.5	(GETREAL ...) Die Eingabe von Realzahlwerten	34
	KR-FL.LSP berechnet Kreisflächen	34
2.6	(GETINT ...) Die Eingabe von Ganzzahlwerten	35
2.7	(GETSTRING ...) Die Eingabe von Text	36
2.8	(INITGET ...) Initialisiert die nächste GET-Funktion	37
2.9	(GETKWORD ...) Eingabe von Schlüsselwörtern	39
2.10	(DISTANCE ...) Eine Entfernung messen	40
	ABSTAND.LSP berechnet die Entfernung zweier Punkte	40
2.11	(ANGLE ...) Einen Winkel messen	41
	WINKEL.LSP berechnet die Winkellage zweier Punkte	41
2.12	(POLAR ...) Einen Punkt mit relativen Polarkoordinaten bestimmen	42
	SENKR.LSP Eine senkrechte Linie zeichnen	42
	RECHTECK.LSP Ein Zeichenbefehl für beliebige Rechtecke	42
2.13	Die Dateieingabefunktionen :	43
	2.13.1 (OPEN ...)	44
	2.13.2 (READ-LINE ...), (READ-CHAR ...)	45
	2.13.3 (WRITE-LINE ...), (WRITE-CHAR ...)	46
	2.13.4 (CLOSE ...)	47
2.14	Bildschirm- und Dateiausgabefunktionen :	48
	2.14.1 (PROMPT ...)	48
	2.14.2 (PRINC ...)	49
	BEEP.LSP AutoLisp kann "Beep"en	49
	2.14.3 (PRIN1 ...)	49
	2.14.4 (PRINT ...)	50
	2.14.5 (TERPRI)	51
2.15	Übung zu Kapitel 2 : **BOX1.LSP, BOX2.LSP**	52
2.16	PROGRAMM 2 – ...	54
	RELATIV.LSP Relativ zu einem beliebigen Punkt weiterzeichnen	54
	LA_LOCH.LSP Langlöcher / Paßfedern zeichnen	54
	ECK.LSP zeichnet Rechtecke in beliebiger Lage mit unterschiedlichen Eingabemöglichkeiten	55

KAPITEL 3 : LISTEN-Verarbeitung, LISTEN-Assoziationen 57

3.1   Was ist eine "Liste" 58

3.2   (LIST ...) Eine Liste erzeugen 60

3.3   (QUOTE ...) Eine andere Möglichkeit eine Liste zu erzeugen, das Zeichen ' 61

3.4   (CAR ...) Das erste Element 62

3.5   (CDR ...) Der Listen-Rest 64

3.6   (CADR ...) Das zweite Element 65

3.7   (CADDR ...) Das dritte Element 67

3.8   X-, Y- und Z-Koordinaten 68
       3DWUERF.LSP Ein Befehl zum Zeichnen eines dreidimensionalen
       Würfels 69

3.9   (CONS ...) Neues erstes Listenelement einfügen 70

3.10   (SUBST ...) Listenelemente austauschen (alt gegen neu) 71

3.11   (ASSOC ...) Listen vergleichen und assoziieren 73
       WELL-NUT.LSP zeichnet Nuten in vorhandene Bögen oder Kreise 74

3.12   Übung zu Kapitel 3 : **BOX3.LSP** 76

3.13   PROGRAMM 3 – 77
       KOORD.LSP schreibt Koordinaten zu Elementpunkten 77

KAPITEL 4 : Bedingte Funktionen, Verzweigungen und Rekursionen 79

4.1   (COND ...) condition, bedingte Funktion 80

4.2   (IF ...) – then – else Entscheidung 82

4.3   (PROGN ...) Mehrere Funktionen auswerten 83

4.4   (WHILE ...) Tu während 84

4.5   (REPEAT ...) Wiederhole 86

4.6   Übung zu Kapitel 4 : **BOX4.LSP** 87

4.7   PROGRAMM 4 – 88
       WURF.LSP zeichnet die Flugbahn eines schiefen Wurfes 88
       FAK.LSP berechnet die Fakultät einer Zahl 90

KAPITEL 5 : Systemvariable, Objektfang, Klein/Großschreibung 91

5.1 (GETVAR ...) Systemvariable lesen 92
    ZA.LSP ZOOM-Grenzen Befehl ohne Regenerieren der Zeichnung 93
5.2 (SETVAR ...) Systemvariable schreiben 94
5.3 (SETVAR "OSMODE"...) Systemvariable für Objektfang 95
5.4 (STRCASE ...) Kleinbuchstaben und Großbuchstaben wandeln 96
5.5 Übung zu Kapitel 5 : **BOX5.LSP** 97
5.6 PROGRAMM 5 – 98
    SAFESET.LSP legt Zeichnungsname, Laufwerk und Verzeichnis fest 98
    SAFE.LSP sichert die Zeichnung nach SAFESET-Festlegungen 98
    DELSCREE.LSP löscht alle Elemente auf dem Bildschirm 99

KAPITEL 6 : ENTITIES, die gezeichneten Elemente 101

6.1 Was sind Entities, die Entity-Liste 102
6.2 (SSGET ...) Selektieren von Entities, Auswahlsatz bilden 104
6.3 (SSLENGTH ...) Anzahl der Elemente im Auswahlsatz 106
6.4 (SSNAME ...) Einzelnes Element aus dem Auswahlsatz extrahieren 107
6.5 Weitere SS (selection set)-Funktionen 108
    6.5.1 (SSADD ...) 108
    6.5.2 (SSDEL ...) 108
    6.5.3 (SSMEMB ...) 108
6.6 (ENTSEL ...) Selektieren eines Elementes 109
6.7 (ENTGET ...) vollständige Entity-Liste eines Elementes wiedergeben 110
    STEXT.LSP ein neuer TEXT-Befehl für AutoCAD 110
6.8 (ENTMAKE ...) externe Entitylisten einfügen 111
6.9 (ENTMOD ...), (ENTUPD ...) geänderte Entity-Liste in die Zeichnungsdatenbank zurückschreiben 111
6.10 Weitere ENTity-Funktionen 112
    6.10.1 (ENTNEXT ...) 112
    6.10.2 (ENTLAST ...) 112
    6.10.3 (ENTDEL ...) 112
    6.10.4 (HANDENT ...) Referenzelement 113
6.11 PROGRAMM 6 – 114
    ENT-LIST.LSP, Elemente auswählen und Entity-Informationen in eine Datei schreiben 114
    BOGKR.LSP, Bogen in einen Kreis verwandeln 115

KAPITEL 7 : Tips und Tricks zur Arbeit mit AutoLISP, Fehler, Fehlersuche und Fehlerbehebung 117

7.1 AutoLISP-Programme mit Textverarbeitung schreiben
 ACAD.PGP, Beispiel 118

7.2 Kurze, übersichtliche Programme 120

7.3 Eigenes LISP Programm-Verzeichnis 120

7.4 Die Datei **ACAD.LSP** 121

7.5 AutoLISP-Programme über Menue aufrufen 122
 ACAD.MNU, Beispiel 122

7.6 Lesbare Programme schreiben ! 123

7.7 Tips für "neue" Programmierer 124

7.8 Übung zu Kapitel 7 : **BOX7.LSP** 125

7.9 Fehler, Fehlersuche und Fehlerbehebung 126

KAPITEL 8 : Weitere nützliche Programme 129

8.1 MLADE lädt LISP-Dateien 130

8.2 LADE lädt LISP-Dateien komfortabel 130

8.3 LOOP ruft Textprogramm auf 131

8.4 PLATZ macht im Arbeitsspeicher Platz 131

8.5 MITLIN zeichnet Mittellinien über Körperkanten hinaus 132

8.6 ACHSENKREUZ zeichnet Achsenkreuze 132

8.7 BRUCHLINIEN zeichnet "Freihand"-Bruchlinien (Ersatz für SKIZZE) 134

8.8 BILDSCHIRM LÖSCHEN 135

8.9 TEXT ÄNDERN 136

8.10 TEXTSIZE ermittelt Text-Parameter 137

8.11 ASCII fügt Texte aus Textverarbeitungen in Zeichnungen ein 138

8.12 SPIRAL zeichnet Spiralen (flach) 139

8.13 3D-SPIRALE zeichnet Spiralwindungen (Gewinde, Wendeltreppe, ...) 140

8.14 WAND zeichnet Wände (Grundrißzeichnungen) 142

8.15 WAND-Anschluß zeichnet Wandanschlüsse an WAND 144

8.16 3D-DREHEN dreht 3D-Elemente im Raum 146

8.17 SCHATTEN von 3D-Elementen in Abhängigkeit einer Lichtquelle 149

8.18 FLÄCHENNETZ 3D aus Höhenlinien zeichnen 151

8.19 PARABEL zeichnet Parabeln mit beliebigen Parametern 153

8.20 POS.LSP zeichnet Positionszahlen mit Bezugslinien und Text 155

ANHANG 157

A1 – Lösungen der Übungsaufgaben 158

A2 – Befehlsreferenz AutoLISP, Syntax und Kurzbeschreibung aller
  AutoLISP-Funktionen 163

A3 EED und ADS, Externe Entity Daten und externe Applikationen 175

A4 Entity-Übersichtstafel 176

A5 Wild-cards für Namenseingaben 178

Stichwortverzeichnis 180

KAPITEL 1

Einstieg in die AutoLISP-Programmierung

1.1 Was ist AutoLISP?
Eine historische und grundsätzliche Einführung

LISP, eine der ältesten Programmiersprachen, ist unzertrennlich mit dem Namen John McCarthy (geb. 1927) verbunden. 1956 begann McCarthy mit Überlegungen, wie die menschliche Inteligenz durch eine Maschine zu simulieren sei. 1958(!) erschien seine erste Veröffentlichung zur Programmiersprache LISP: **"Eine algebraische Sprache für die Manipulation symbolischer Ausdrücke".**

Von der parallel zu seinen Studien entwickelten Computersprache IPL übernahm er die Verarbeitung der Listen,

LISP = List Prozessor,

aus **FORTRAN** wurde die Art der Funktionsprogrammierung nachempfunden.

Zwischen 1960 und 1962 entstanden die wesentlichen Standardmerkmale des heutigen LISP und das erste Programmierhandbuch zu LISP-1 erschien. LISP wurde auf den IBM-Maschinen 709 und 7090 implementiert und 1962 wurde das **"Programmers Manual LISP-1.5"** veröffentlicht, auf dem alle Weiterentwicklungen (bis hin zu AutoLISP) aufbauten.

In Deutschland wurde LISP gegen Ende der 60er Jahre an den Universitäten Bonn, Darmstadt und Kiel eingeführt und zum Forschungsgegenstand der instrumentellen Mathematik. Zwischen 1974 und 1977 wurde LISP an der Universität Karlsruhe auf den Siemensrechner 4004 gebracht, wodurch in dieser Folge, 1977 von Siemens übernommen, **Siemens-Interlisp** entstand.

Wie in fast allen Programmiersprachen, so entwickelten sich auch in LISP eine Vielzahl verschiedener Dialekte. **INTERLISP, MACLISP, COMMON-LISP** etc. seien als wichtigste Vertreter genannt. Interessant ist eine kleine Abspaltung, die Mitte der 80er Jahre von David Betz realisiert wurde: **XLISP.** Eine Untermenge der großen LISP-Dialekte wurde mit XLISP für den PC aufbereitet und als Public Domain Software freigegeben.

Ebenfalls Mitte der 80er Jahre wurde eine weitere LISP-Variante, **AutoLISP**, in die AutoCAD-Version 2.18 eingebunden. AutoLISP hat mit XLISP viele Gemeinsamkeiten, wurde jedoch insbesondere auf die Behandlung der AutoCAD-Datenbank hin erweitert. Seit 1986 kann mit AutoLISP in AutoCAD 2.5 die Elementdatenbank direkt bearbeitet werden.

LISP ist eine symbol-orientierte Sprache und steht damit im Gegensatz zu den meisten modernen Sprachen, die alle mehr oder weniger numerisch orientiert sind. Der grundsätzliche Unterschied zwischen beiden Spracharten kann gut an algebraischen Problemstellungen aufgezeigt werden.

Einer numerischen Sprache ist es beispielsweise nicht möglich, die einfache Beziehung zwischen X + X und 2 * X herzustellen, so daß der Ausdruck **X+X=2X** nicht ausgeführt werden kann. Gerade solche Beziehungen aber, das Vereinfachen von Formeln, das Herstellen von Zusammenhängen, sind abstrakte Problemstellungen, für die eine symbol-orientierte Sprache notwendig ist. Die Anwendungsgebiete der KI und Expertensysteme sind vor allem auf der Basis der symbolhaften Programmiersprachen begründet.

Dieser Hintergrund ist für die Einbindung und die Anwendung in AutoCAD allerdings wenig von Bedeutung. Für AutoCAD wurde LISP, nach den Aussagen eines Auto-CAD-Entwicklers der ersten Stunde, eher zufällig ausgewählt, wobei jedoch ganz sicher

- die relativ einfache Struktur des LISP-Interpreters/-Compilers,
- die sehr flexible (weil symbolhafte) Anpassbarkeit an komplexe Problemstellungen,
- die einfache Programmierbarkeit und
- der absolut hohe Leistungsgrad der Programmiersprache den Ausschlag gab.

1.2 (...) ; Programmstruktur mit Klammern und Strichpunkt

AutoLISP beginnt jede Programmanweisung mit "(" und schließt sie mit ")" ab. Innerhalb einer Klammerebene können weitere Klammern geöffnet und geschlossen werden, die Klammerebenen dürfen ineinander verschachtelt sein.

Am Ende einer Anweisung müssen alle Klammerebenen geschlossen sein, sonst erfolgt eine Fehlermeldung, die die Anzahl der noch offenen Klammerebenen angibt.

Zwischen den Klammern werden die Elemente der Anweisung aufge"list"et. Grundsätzlich wird das erste Element dieser Auflistung als Funktion interpretiert, die anderen Elemente dieser Liste sind Argumente dieser Funktion. Mehrere Elemente innerhalb einer Klammer werden mit Leerzeichen voneinander getrennt.

```
(Funktion Argument Argument Argu... )
```

Der Klammerausdruck (Liste) wird ausgewertet (evaluiert) und das Ergebnis zurückgegeben (List-Processor).

Bei ineinander verschachtelten Klammerebenen beginnt die Auswertung mit de(r/n) innersten Klammerebene(n) und setzt sich nach außen fort.

```
(Funktion (Funktion Argument (...) Argument) Argu..)
```

Ein wesentlicher Unterschied zu anderen Programmiersprachen tritt an dieser Stelle bereits in Erscheinung: es existiert keine funktionelle Unterscheidung zwischen Programm, Befehl und Variabler, es werden fast ausschließlich Listen nach obigem Schema verarbeitet.

Innerhalb eines Lisp-Programms werden Programmkommentare und Erklärungszeilen mit dem Strichpunkt ";" am Zeilenanfang gekennzeichnet oder durch den Strichpunkt von der Programmzeile abgetrennt. Texte, die nach einem Strichpunkt stehen, werden nicht als Programmtexte verarbeitet.

```
Programmstruktur

; Kommentar
; Kommentar
(Liste
      (liste (liste) (liste)) ;Kommentar
      (liste (liste
               (liste (liste))
             )
      )
)
; Kommentar
; Kommentar
```

1.3 Variable, Datentypen, Atome, Listen etc.

Variable werden als Symbol für einen Wert oder als Funktionsbezeichnung eingesetzt. Die übliche Trennung zwischen Programmwerten und Programm existiert in LISP nicht. Variablennamen können aus beliebigen alphanumerischen Zeichen, mit Ausnahme von Sonder- und Leerzeichen, bestehen. Das erste Zeichen eines Variablennamens darf keine Zahl sein.

Beispiele für *gültige Variablennamen*

```
PUNKT
A3
Grad_in_Rad
```

Beispiele *ungültiger Variablennamen*

```
3A           (keine Zahl am Anfang)
Grad in Rad  (keine Leerzeichen)
P,1          (keine Sonderzeichen)
```

Sind Variable nicht als "lokal" definiert, haben sie globale Gültigkeit und können auch noch nach Beendigung des Programms abgefragt werden. Werden Variable zusammen mit der Funktionsdefinition als lokale Variable definiert (siehe 1.7), so behalten sie ihren Inhalt nur während der Funktionsausführung.

Variable können Werte zugewiesen bekommen, die sich in ihrem Charakter unterscheiden. Man beschreibt die Unterschiedlichkeit der Werte mit dem Begriff "Datentypen".

AutoLISP kennt folgende *Datentypen* :

```
- Ganzzahlen (von -32768 bis 32767)
- reelle Zahlen (als Gleitkommazahl mit doppelter
  Genauigkeit)
- Zeichenketten (Strings aus alphanumerischen
  Zeichen)
- Variable (Variable können Variablen enthalten)
- Listen
- Dateikennzeichen (zum Öffnen, Schreiben, Lesen
  und Schließen von Dateien)
- AutoCAD - Elemente (Entities, Zeichnungselemente)
- AutoCAD - Auswahlsätze
```

Beispiele:

```
2   45   118   -2        : Ganzzahlen

2.33  1.76534  -45.0     : reelle Zahlen

"Vorname :"  "TEST"      : Zeichenketten

a  b  punkt  Name        : Variablennamen

(2 4 6 8) ("rot" "grün") : Listen
```

1 Einstieg in die AutoLISP-Programmierung

Sehr häufig werden in AutoCAD Koordinatenwerte einer Variablen zugewiesen. Koordinaten bestehen immer aus X- und Y-Werten, manchmal auch noch aus Z-Werten. LISP-Variable können mehrere Werte zugleich beinhalten und werden damit zu Listen.

Listen können Zahlenwerte, Zeichenketten, Variable oder Listen beinhalten.

Beinhaltet eine Variable nur einen einzigen Wert, dann wird sie als *"Atom"* bezeichnet, beinhaltet sie mehrere Werte so ist sie eine *"Liste"*. Eine Sonderform des Datentypes Liste, die *"Dotted Pairs"*, stellen zwei Listenelemente, durch einen Punkt getrennt, dar. Diese Ausnahme wird eingehender im Kapitel 6 beschrieben.

Beispiel für Listen

```
(34 45 100)

(2.34 2001.3439)

(4 4 8 2 4 3 "BLAU")

("LINIE" "KREIS" "BOGEN")

(("KREIS" 34 45 100 "ROT") ("LINIE" 22 34 10 "GELB")
( ...))

((-1 . <Entity Name: 600000A0>) (0 . "ARC")
(5 . "A10") (8 . "0") (10 100.0 90.0 15.0)
(40 . 30.0) (50. 1.570796) (51 . 0.0))
```

Das letzte Beispiel ist die Liste, mit der ein einziges Zeichnungselement, hier ein Bogen, in der Zeichnungsdatenbank AutoCAD verwaltet und gespeichert wird.

Ein Ziel dieses Buches ist die Selektion, die Manipulation und die Weiterverarbeitung der in diesem AutoCAD-Datensatz gespeicherten Zeichnungsdaten. Als Beispiel soll deswegen dieser Datensatz auch in den folgenden Kapiteln herangezogen werden. Im Abschnitt 6, Entities, wird diese Form der Listen eingehend behandelt und bearbeitet.

1.4 TRUE oder NIL, Sein oder Nichtsein

Shakespeare kann hier in der Tat zitiert werden. **TRUE bedeutet SEIN**, d.h. einer Variablen wurde ein gültiger Wert oder eine Liste zugeordnet. **NIL bedeudet NICHTSEIN**, d.h. eine Variable besitzt keinen Wert und ist keine Liste.

Achtung: die Zahl Null hat den Wert Null und ist somit TRUE!

Eine Variable kann NIL gesetzt werden, sie verliert damit jeglichen Wert und existiert damit für das Programm nicht mehr (siehe Abschnitt 1.9 :SETQ).

TRUE, existent, wahr, ist eine Variable automatisch immer dann, wenn ihr irgend ein Wert zugewiesen wurde.

Die Abfragen, ob eine Variable TRUE oder NIL ist, wird in Programmen für Kontrollstrukturen und Verzweigungen eingesetzt. Einige AutoLISP-Funktionen geben als Ergebnis ihrer Evaluation (Auswertung) NIL zurück.

1.5 Direktmodus in AutoCAD

Für die folgenden Erklärungen sollte AutoCAD gestartet und im Befehlsabfragebereich des Zeicheneditors die Zeile

    `Befehl:`

zu sehen sein.

Wird auf diese Befehlsanfrage hin mit dem Zeichen "(" geantwortet, so wird der nachfolgende Text von AutoCAD als LISP-Text angenommen.

Beispiel:

Systemanfrage:	Benutzereingabe:
`Befehl:`	`(+ 2 4)`
`6`	
`Befehl:`	

Das ist die erste LISP-Anweisung.

In den Klammern ist eine Liste mit drei Elementen enthalten. Das erste Element (+) ist die Funktion, die mit den beiden Argumenten (2 4) ausgewertet wird. Das Ergebnis (6) wird zurückgegeben.

1.5.1 AutoLISP und Mathematik, die Grundrechenarten (+ — / *)

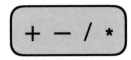

Insbesondere bei allen mathematischen Funktionen wird man häufig zum AutoLISP-Direktmodus greifen. Kleine Berechnungen lassen sich sofort ausführen, Ergebnisse können in Variablen gespeichert und beliebig oft abgerufen werden.

Beispiele mathematischer Funktionen im Direktmodus

Systemanfrage:	Benutzereingabe:
Befehl: 17	(+ 4 12 1)
Befehl: 2	(- 10 8)
Befehl: 2	(- 8 4 2)
Befehl: 8	(/ 16 2)
Befehl: 32	(* 8 4)

Werden alle Zahlen als Ganzzahlen eingegeben, so wird auch das **Ergebnis als Ganzzahl** ermittelt.

Wird eine Zahl als Dezimalzahl eingegeben, so wird das Ergebnis ebenfalls als **Dezimalzahl, mit 6 Stellen Genauigkeit**, ausgegeben.

Systemanfrage:	Benutzereingabe:
Befehl: 6.400000	(/ 16 2.5)
Befehl: 32.000000	(* 8 4.0)

ACHTUNG:

Befehl: -> 1	(/ 10 7)
Befehl: -> 1.428571	(/ 10 7.0)

Auch ineinander verschachtelte Listen sind möglich.

Systemanfrage:	Benutzereingabe:
Befehl: 8	(* 2 (+ 3 1))
Befehl: 60	(* (* 2 3) (+ 4 6))
Befehl: 6	(/ (- 32 (+ 4 8)) 3)
Befehl: 6.666667	(/ (- 32 (+ 4.0 8)) 3)

Insbesondere die letzten beiden Beispielzeilen machen den Unterschied zwischen der Berechnung mit Ganzzahlen und mit Dezimalzahlen deutlich. Die gleiche Funktion, einmal mit 4 und das andere mal mit 4.0 gerechnet, ergibt unterschiedliche Ergebnisse.

1.5.2 (SIN COS ATAN) trigonometrische Funktionen

`SIN COS ATAN`

Die Winkelfunktionen Sinus und Cosinus sowie der Arcus-Tangens sind verfügbar. Einzugebende Winkel müssen immer im **Bogenmaß** angegeben werden, die Konstante PI (= 3.1415926) wird direkt mit "PI" angesprochen.

Systemanfrage:	Benutzereingabe:
Befehl: 1	(SIN 1.57)
Befehl: 1	(SIN (/ PI 2))
Befehl: 0.5	(COS 1.047197)
Befehl: 0.463647	(ATAN 0.5)
Befehl: 50.265481	(/ (* (* 8 8) PI) 4)

In der letzten Zeile wurde die Fläche eines Kreises mit dem Durchmesser 8 berechnet.

Die trigonometrische Funktion "Tangens" ist nicht direkt vorhanden, sie kann jedoch durch die Beziehung TAN = SIN/COS ersetzt werden.

1.5.3 (= < > /=)
Vergleichsfunktionen

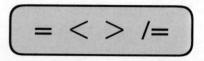

Die Zeichen =<> werden im mathematischen Sinn zur Überprüfung der mathematischen Zusammenhänge herangezogen.

```
GLEICH
Die Funktion (= a b) ist dann wahr (TRUE) wenn a=b
ist, sonst ist sie NIL.

KLEINER ALS
Die Funktion (< a b) ist dann wahr (TRUE) wenn a<b
ist, sonst ist sie NIL.

GRÖSSER ALS
Die Funktion (> a b) ist dann wahr (TRUE) wenn a>b
ist, sonst ist sie NIL.

NICHT GLEICH
Die Funktion (/= a b) ist dann wahr (TRUE) wenn a
verschieden von b ist, sie ist NIL wenn a=b ist.
```

Sinnvolle Kombinationen dieser Zeichen wie >= oder <= sind möglich.

1.5.4 (OR AND NOT) logische Funktionen

`OR AND NOT`

Ebenfalls für Programmkontrollstrukturen sowie für -verzweigungen werden die logischen Operatoren AND, OR und NOT eingesetzt.

```
Die Funktion (AND (= a b) (= c d)) ist genau dann
wahr (TRUE), wenn a=b und c=d ist, ansonsten ist sie
NIL.

Die Funktion (OR (= a b) (= c d)) ist genau dann
wahr (TRUE), wenn a=b oder c=d ist, ansonsten ist
sie NIL.

Die Funktion (NOT (< a b)) ist genau dann wahr
(TRUE), wenn a nicht kleiner als b, also gleich oder
größer als b, ist. Ist a<b, dann ergibt die Funktion
NIL.
```

1.5.5 Direkte Übung mit Variablen

Im Vorgriff auf den Abschnitt 1.9 soll an dieser Stelle bereits auf den LISP-Befehl SETQ eingegangen werden. SETQ ist die Abkürzung von "set equal"="setze gleich".

Mit SETQ bekommen Variable ihre Werte zugewiesen.

Beispiel:

```
    Systemanfrage:                        Benutzereingabe:

    Befehl:                                    (SETQ a 10)
    10
         setzt die Variable a auf den Wert 10

    Befehl:                                    (SETQ b (+ 2 4))
    6
         setzt die Variable b auf den Wert 6

    Befehl:
```

In der zweiten Zeile des obigen Beispiels wurde zugleich auch mit zwei ineinander verschachtelten Klammerebenen gearbeitet. Die innere Klammerebene (+ 2 4) wird zuerst ausgewertet und deren Ergebnis als Argument an die äußere Klammerebene (SETQ b (<Ergebnis>)) übergeben.

Lassen wir für die folgenden Übungen den Variablen a und b ihre Werte 10 und 6, so sehen wir, daß es im Direktmodus auch möglich ist, mit Variablen zu rechnen.

```
    Systemanfrage:                        Benutzereingabe:

    Befehl:                                    (+ a 100)
    110

    Befehl:                                    (+ a b)
    16
```

1.5.6 Das Zeichen "!"

Will man nach der Durchführung der vorherigen Beispiele die Werte der Variablen a und b kontrollieren, so können diese direkt aus der AutoCAD-Befehlszeile heraus zur Anzeige gebracht werden.

Das Ausrufezeichen erwartet die Eingabe einer AutoLISP-Variablen, deren Wert angezeigt werden soll.

Beispiel

Systemanfrage:	Benutzereingabe:
Befehl: 10	!a
ergibt die Anzeige 10	
Befehl: 6	!b
ergibt die Anzeige 6	
Befehl: 3,1415926	!PI

1.6 Das erste AutoLISP-Programm und der Befehl "EDIT"

Der Direktmodus ist nur für kurze Funktionen sinnvoll und seine Anwendungsmöglichkeit ist damit sehr eingeengt. Außerdem wird es dem Anwender schnell unangenehm werden, wenn er immer wieder dieselben Funktionen eintippen soll.

Diese beiden Nachteile des Direktmodus werden durch den Programm-Modus aufgehoben. Im Programm-Modus können mehrere Funktionen zusammengefaßt und zu umfangreichen Programmen ausgebaut werden. Auf bereits definierte Funktionen kann dabei zurückgegriffen werden.

Im Programm-Modus werden Programm-Dateien geschrieben, die ausschließlich LISP-Funktionen enthalten. Diese Dateien sind reine Text-Dateien und können mit Text-Programmen erstellt werden. Text-Programme müssen allerdings in der Lage sein reinen ASCII-Code ohne Drucker-Steuerzeichen o.ä. zu erzeugen.

Die einfachste Art ein AutoLISP-Programm zu schreiben ist der **AutoCAD-Befehl:** "EDIT", der in der Datei ACAD.PGP definiert ist und den **DOS-Zeileneditor EDLIN** aufruft. Die Betriebssystem-Datei EDLIN.COM muß von einem festgelegten Suchpfad (PATH = ...) erreichbar sein. Nach Beendigung von EDLIN kehrt man automatisch in AutoCAD zurück und das geschriebene Programm läßt sich sofort testen. Die Bedienung von EDLIN ist im DOS-Handbuch beschrieben und muß ggf. dort nachgelesen werden.

Die Bedeutung des Programmtextes ist an dieser Stelle nicht wichtig und wird später erläutert. Der Anwender sollte zu Übungszwecken das kurze Programm eintippen und den weiteren Anweisungen folgen.

```
        Systemanfrage:                       Benutzereingabe:
Befehl:                                             EDIT
        <Umschaltung auf Textdarstellung>
Name der zu editierenden Datei:                     TEST.LSP
        <Umschaltung in EDLIN>
neue Datei
*                                                   i
*i
        1> ;erstes Testprogramm TEST.LSP
        2> ;
        3> (DEFUN HALLO ()
        4>     (PROMPT "Hallo, ich bin Dein
                        erstes LISP-Programm)
        5> )
        6> ;Programmende TEST.LSP
        7> ^Z
*                                                   e
*E
        <Umschaltung zurück zu AutoCAD>
Befehl:
```

Mit dieser Sequenz wurde mit dem Befehl EDIT und dem Dateinamen TEST.LISP der Zeileneditor EDLIN aufgerufen und die Datei TEST.LSP mit den Programmzeilen 1-6 geschrieben. Die Zeilennummern werden nur von EDLIN angezeigt, sie sind im Programmtext nicht enthalten.

Die folgende Sequenz listet das geschriebene Programm auf dem Bildschirm auf.

Systemanfrage:	Benutzereingabe:
Befehl:	TYPE
Dateiname:	TEST.LSP

```
;erstes Testprogramm TEST.LSP
;
(DEFUN HALLO ()
    (PROMPT "Hallo, ich bin Dein
            erstes LISP-Programm")
)
;Programmende TEST.LSP
```
Befehl:

Die nun folgende Eingabe, wiederum in AutoCAD, startet dieses LISP-Programm.

Systemanfrage:	Benutzereingabe:
Befehl:	(LOAD"TEST")
HALLO	
Befehl:	(HALLO)
Hallo, ich bin Dein erstes LISP-Programm	
Befehl:	

Die beiden AutoLISP-Befehle DEFUN und LOAD werden im Anschluß beschrieben.

1.7 (DEFUN ...) Definieren einer Funktion, globale und lokale Variable bestimmen

Wie in vorherigem Beispiel deutlich wurde, ist das eigentliche Geschehen durch die Funktion HALLO ausgelöst worden. Die Datei TEST.LSP beinhaltet die Funktion HALLO und könnte auch noch mehrere Funktionsdefinitionen beinhalten.

DEFUN definiert eine AutoLISP-Funktion, die nachfolgend programmiert sein muß.

Die allgemeine Form:

```
(DEFUN <Funktionsname> ([Argumentenliste])
                      (LISP-Funktionen)
)
```

DEFUN steht immer zusammen mit dem Funktionsnamen am Beginn der Definition.

```
(DEFUN hallo () ...
```

Das dem Funktionsnamen folgende leere Klammernpaar sagt aus, daß der programmierten Funktion keine Variablen übergeben und daß weder globale noch lokale Variable definiert werden.

```
(DEFUN balken () ... )
```

Die Funktion "balken" wird definiert, es werden keine Variablen bestimmt oder übergeben.

globale Variable

```
(DEFUN balken (P1 P2) ...)
```

Der Variablen "balken" werden die globalen Variablen P1 und P2 übergeben. Die Variablen sind global, d.h. sie haben ihren Gültigkeitsbereich auch außerhalb dieser Funktion und können z.B. Ergebnisse aus anderen Funktionen sein.

Beispiel:

```
;Funktion zur Berechnung von
;Kreisumfang und Kreisfläche
;
(DEFUN ua(x)
  ;globale Variable x als Kreisradius
  (SETQ u (* PI 2 x))
  (SETQ a (* PI x x))
  (PROMPT "Umfang: ")(PRINC u)(TERPRI)
  (PROMPT "Fläche:")(PRINC a)
)
```

Die Variablen x, u und a sind als globale Variable definiert und werden somit sowohl aus anderen Funktionen übernommen (x) als auch an andere Funktionen übergeben (u, a).

lokale Variable

```
(DEFUN balken (/ P1 P2) ... )
```

Der Variablen "balken" werden die lokalen Variablen P1 und P2 übergeben. Die Variablen sind durch das Zeichen "/" als lokal gekennzeichnet, d.h. sie haben ihren Gültigkeitsbereich nur innerhalb dieser Funktion und betreffen das Hauptprogramm oder andere Funktionsdefinitionen nicht, auch wenn sie dort mit anderer Bedeutung nochmal vorkommen sollten.

Beispiel:

```
;Funktion zur Berechnung von
;Kreisumfang und Kreisfläche
;
(DEFUN ua (/ x)
  ;lokale Variable x als Kreisradius
  (SETQ u (* PI 2 x))
  (SETQ a (* PI x x))
  (PROMPT "Umfang: ")(PRINC u)(TERPRI)
  (PROMPT "Fläche:")(PRINC a)
)
```

Die Variable x ist als lokale, u und a sind als globale Variable definiert. Der Wert x behält damit nur innerhalb dieser Funktion seine Gültigkeit und kann auch im Direktmodus (!) nicht abgefragt werden.

1.7.1 AutoCAD-Befehle

> **DEFUN C:**
> **DEFUN S::**

Werden in der DEFUN-Funktion dem Funktionsnamen die Zeichen "C:" vorangestellt, so kann diese Funktion, sobald sie geladen ist, wie ein normaler AutoCAD-Befehl, ohne Klammern, aufgerufen werden.

Die allgemeine Form:

```
(DEFUN C:<Funktionsname> ()
        (Lispfunktionen>)
)
```

Der <Funktionsname> muß in großen Buchstaben geschrieben werden. Die Argumentenliste solcher Funktionen muß leer sein (), es können keine Werte/Parameter an die Funktion übergeben werden.

Beispiel:

```
(DEFUN C:BALKEN ()
        (....)
        (........)
)
```

Ist die obige Funktion BALKEN definiert, als Programmtext in eine LISP-Datei geschrieben und wurde sie mit dem Befehl LOAD (siehe nächster Abschnitt) geladen, so kann die Funktion wie ein anderer AutoCAD-Befehl aufgerufen werden.

Systemanfrage:	Benutzereingabe:
Befehl:	**BALKEN**

Werden in der DEFUN-Funktion dem Funktionsnamen die Zeichen "S::" vorangestellt, so kann diese Funktion unter bestimmten Bedingungen automatisch aufgerufen und ausgeführt werden. Diese Möglichkeit unterstützen nur AutoCAD-Versionen ab 10.0

Die allgemeine Form:

```
(DEFUN S::<Funktionsname> ()
        (Lispfunktionen>)
)
```

In der AutoCAD-Version 10 wird als einziger Funktionsname das Wort STARTUP akzeptiert. Eine Funktion mit diesem Namen wird, wenn sie in der Datei ACAD.LSP definiert ist, bei jedem Laden des Zeichnungseditors automatisch ausgeführt.

Beispiel:

```
(DEFUN S::STARTUP ()
        (....)
        (<beliebige AutoLISP-Funktionen>)
        (........)
)
```

1.8 (LOAD ...) Ein Programm wird geladen

Befehl: (LOAD"TEST")

Mit dem Befehl LOAD werden AutoLISP-Programm-Dateien geladen. Die Datei muß die Dateierweiterung .LSP tragen, gültige AutoLISP-Anweisungen enthalten und in einem erreichbaren Verzeichnis stehen.

Befehl: (LOAD"A:TEST")

lädt die Datei TEST.LSP aus dem Laufwerk A:

Eine Besonderheit in AutoLISP stellen die Zeichen zur Pfadfestlegung dar. Das übliche DOS-Zeichen "\" (backslash) muß doppelt eingegeben werden "\\" oder durch den normalen Schrägstrich "/"ersetzt werden.

Befehl: (LOAD"LISP\\TEST")
Befehl: (LOAD"LISP/TEST")

Diese beiden Eingaben laden jeweils die Datei TEST.LSP aus dem Unterverzeichnis LISP.

Die mögliche Fehlermeldung:

    insufficient node space

bricht u.U. den Ladevorgang ab und verlangt nach mehr Speicherplatz für LISP-Anwendungen. Insbesondere die Systemvariable LISPHEAP (siehe 1.1) muß auf höhere Werte gesetzt werden.

1.9 (SETQ ...) Set Equal – übergeben von Werten an Variable

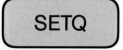

Mit SETQ werden Zuweisungen ausgeführt. Andere Programmiersprachen verwenden hierzu einfach das "="-Zeichen oder dem Befehl LET. Die SETQ-Funktion kann mit der Funktion des "="-Zeichens verglichen werden.

Die allgemeine Form:

```
(SETQ <Variable> <Wert, Funktion oder Variable>)
```

Setze gleich, set equal.

Beispiele

```
(SETQ A 10)       setzt A auf den Wert 10
(SETQ B 30)       setzt B auf den Wert 30
(SETQ C -5)       setzt C auf den Wert -5
(SETQ D (+ A B)   setzt D auf den Wert 40
(SETQ E (- B A)   setzt E auf den Wert 20
(SETQ F (- A C)   setzt F auf den Wert 15
(SETQ G "LANG")   setzt G auf den Wert "LANG"
(SETQ H A)        setzt H auf den Wert 10
```

Beispiel:

Kreisberechnung:

```
(DEFUN kfl (du)
      (SETQ dfl (/ (* (* du du) PI) 4)
)
```

Wird das Programm Kreisberechnung geschrieben und die Datei mit LOAD geladen so ergibt z.B. die Eingabe:

Systemanfrage:	Benutzereingabe:
Befehl: 50.265482	(KFL 8)

Das Ergebnis an die Variable dfl übergeben, was mit der Eingabe !dfl überprüft werden kann.

Systemanfrage:	Benutzereingabe:
Befehl: 50.265482	!DFL

1.10 (COMMAND ...) AutoCAD-Befehle durch AutoLISP ausführen

Die AutoLISP-Funktion COMMAND stellt die wichtigste Schnittstelle zwischen AutoCAD und AutoLISP dar.

Über COMMAND können alle AutoCAD-Befehle aus einem LISP-Programm heraus aufgerufen und ausgeführt werden. Die dem Funktionsaufruf folgenden Programmdaten müssen mit den Befehlsanfragen des AutoCAD-Befehls vollkommen übereinstimmen.

Zahlenwerte werden als Zahlenwerte geschrieben, alphanumerische Zeichen müssen in Anführungszeichen gesetzt werden.

Beispiel:

Ein LISP-Programm soll ein DIN-A3 Zeichnungsfeld mit Linien umranden (420 x 297). Das folgende Programm (Text-Datei) mit dem Namen "DIN-A3.LSP" wird mit einem Textprogramm erstellt.

```
;Zeichenfeld DIN A3
(DEFUN C:DIN-A3 ()
    (COMMAND "LINIE" "0,0" "420,0" "420,297" "0,297" "0,0")
    (COMMAND "")
)
```

DEFUN C:	definiert einen neuen AutoCAD-Befehl namens DIN-A3
COMMAND	ruft den AutoCAD-Befehl LINIE auf, die weiteren Programm-Daten müssen exakt den Befehlsoptionen des AutoCAD-Befehls entsprechen (von Punkt:, nach Punkt:, nach ...).
COMMAND " "	entspricht der "Return"-Eingabe und bricht im obigen Beispiel den Befehl LINIE ab.

ebenfalls gültig wäre:

```
(DEFUN C:DIN-A3 ()
    (COMMAND "LINIE" "0,0" "420,0" "420,297" "0,297" "S")
)
```

Das Laden des Programms und dessen Ausführung geschieht nach nun schon bekannter Art und Weise.

```
Systemanfrage:                    Benutzereingabe:

Befehl:                           (LOAD "DIN-A3")
C:DIN-A3
    <die Funktion wird geladen>

Befehl:                                    DIN-A3
    <das Zeichenfeld DIN A3 wird gezeichnet>

    NIL
Befehl:
```

ACHTUNG! Die COMMAND-Funktion gibt immer NIL als Ergebnis zurück. Folgt keine weitere Funktion, so wird "NIL" am Bildschirm angezeigt (siehe oben). Eine einfache PRINC-Funktion ohne Argumente im Anschluß an COMMAND, verhindert die NIL-Anzeige.

```
(DEFUN C:DIN-A3 ()
        (COMMAND "LINIE" "0,0" "420,0" "420,297" "0,297" "S")
    (PRINC)
)
```

Die Funktion PRINC wird später ausführlich erläutert. Auch andere, arbeitserleichternde Sequenzen werden mit der COMMAND-Funktion möglich. Benötigt man beispielsweise die Befehlsfolge "LOESCHEN L(etztes)" sehr häufig, so ersetzt das nachfolgende LISP-Programm diese Eingabe durch die Eingabe LL, die automatisch immer das zuletzt gezeichnete Element löscht.

```
(DEFUN C:LL ()
        (COMMAND "LÖSCHEN" "L")
)
```

oder

```
(DEFUN C:ZV ()
        (COMMAND "ZOOM" "V")
)
```

oder

```
(DEFUN C:LYS ()
        (COMMAND "LAYER" "S")
)
```

1.11 PROGRAMM – 1

```
; PROGRAMM-1 - RECHNG.LSP
;
; Umrechnung von Grad-Maß ins Bogenmaß
(DEFUN gra-bog (gra)
       (* PI (/ gra 180.0))
)
;
;
; Berechnung eines Kreisumfangs
(DEFUN umfang (d)
       (* PI d)
)
;
;
;
;
;
; Umrechnung von Zoll in Millimeter
(DEFUN c:zim (zoll)
      (SETQ mm (\ zoll 25.4))
)
;
;
; Umrechnung von Millimeter in Zoll
(DEFUN c:miz (mm)
      (SETQ zoll (* mm 25.4))
)
;
:
;Definition der Tangensfunktion
(DEFUN tan (winkel)
   (SETQ si (SIN winkel))
   (SETQ co (COS winkel))
   (SETQ tan (/ si co))
)
```

KAPITEL 2

Eingabe- und Ausgabefunktionen, Abstands- und Winkelgeometrie

Allgemeines

AutoLISP kennt mehrere Funktionen, die mit der Vorsilbe GET beginnen. Alle GET-Funktionen stellen Eingabeanweisungen für das LISP-Programm dar, mit Hilfe derer der Benutzer Werte in das Programm eingeben kann. Zur besseren Benutzerführung können viele GET-Funktionen mit einem Anfragetext ausgestattet werden, der während der Funktion-Ausführung in der Befehlsanfragezeile am Bildschirm erscheint und Mitteilungen oder Aufforderungen für den Anwender enthalten kann.

Anfragetexte können bei den meisten Funktionen mit Steuerzeichen versehen werden. Folgende Zeichen werden von AutoLISP-Funktionen interpretiert:

```
\e    für Escape
\n    für Zeilenumbruch
\r    für Return
\t    für einen Tabulatorsprung
\xxx, wobei das Zeichen ausgegeben wird, dessen
      Oktalcode "xxx" ist.
```

2.1 (GETPOINT ...)
Die Eingabe eines CAD-Punktes

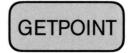

In Verbindung mit AutoCAD ist vor allem die Funktion GETPOINT wichtig, denn sie ermöglicht die Eingabe von Punkt-Koordinaten sowohl über die Tastatur, als auch über ein Zeigegerät oder über die Cursor-Tasten.

Die eingegebenen Koordinaten können mit SETQ Variablen zugewiesen werden, die dann wiederum auch von AutoCAD-Befehlen benützt werden können.

Die allgemeine Form :

    (GETPOINT [<Punkt>] [<Anfrage>])

Folgt der GETPOINT-Funktion eine Punktangabe, so wird während der Funktionsausführung eine Gummibandlinie von diesem Punkt aus angezeigt. Weiter kann der Funktion ein Anfragetext zugeordnet werden, den der Anwender in der Befehlsanfragezeile mitgeteilt bekommt.

Beispiel:

In CAD-Zeichnungen müssen immer wieder zwei konzentrische Kreise mit den Durchmessern 46.725 und 52.225 gezeichnet werden. Dieser Vorgang soll einem einzign Befehl zugewiesen werden.

```
(DEFUN C:KR-2 ()
(SETQ mtp (GETPOINT "\nMittelpunkt eingeben : "))
(COMMAND "KREIS" mtp "D" 46.725)
(COMMAND "KREIS" mtp "D" 52.225)
)
```

Der Variablen *mtp* wird durch die Funktion GETPOINT eine Koordinatenangabe zugewiesen (Benutzereingabe), wobei alle AutoCAD-Eingabemöglichkeiten eingesetzt werden können.

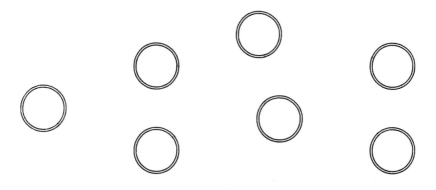

Der GETPOINT-Anfragetext wurde mit dem Steuerzeichen " \n" versehen, das eine Zeilenschaltung vor der Textausgabe erzwingt.

Im Anschluß an die Eingabe des Mittelpunktes werden die beiden Kreise um den Mittelpunkt *mtp* mit dem Durchmesser "D" und dem angegebenen Wert gezeichnet.

Wurde das Programm in eine LISP-Datei geschrieben und mit dem Befehl (LOAD ...) geladen, so genügt die folgende Sequenz um zwei konzentrische Kreise zu zeichnen.

Systemanfrage:	Benutzereingabe:
`Befehl:`	KR-2
`Mittelpunkt eingeben :`	Koordinaten oder Cursor
`Befehl:`	

2.2 (GETDIST ...)
Die Eingabe einer Entfernung

Auch die Funktion GETDIST schöpft die AutoCAD-spezifischen Eingabemöglichkeiten weitgehend aus. GETDIST erlaubt die Eingabe eines Wertes über die Tastatur oder über den Bildschirm. Wird die Tastatur benützt, so kann eine beliebige Zahl eingegeben werden. Am Bildschirm ist die Eingabe von zwei Punkten erforderlich, wobei AutoLISP die Entfernung der beiden Punkte berechnet und die Funktion GETDIST dieses Ergebnis zurückgibt. Während des "Zeigens" des zweiten Punktes ist dieser mit einer Gummibandlinie mit dem ersten Punkt verbunden.

GETDIST erlaubt die Angabe des ersten Punktes bereits in der Funktion [<Basispunkt>]. Wird dieser Punkt angegeben, so kann die Eingabe am Bildschirm nur durch das "Zeigen" des zweiten Punktes vorgenommen werden.

Ebenso erlaubt die Funktion, wie alle GET-Funktionen, die Eingabe eines Anfragetextes.

Die allgemeine Form :

```
(GETDIST [<Basispunkt>] [<Anfrage>])
```

Beispiel:

In einem LISP-Programm soll eine Länge, ausgehend von einem bestimmten Punkt, eingegeben werden.

```
(SETQ pt1 (GETPOINT "Ausgangspunkt :"))
(SETQ pt2 (GETDIST pt1 "2-ter Punkt :"))
```

2.3 (GETANGLE ...)
Die Eingabe eines Winkels

GETANGLE erlaubt die Eingabe eines Winkelwertes über die Tastatur oder über den Bildschirm. Wird die Tastatur benützt, so kann eine beliebige Zahl in einem gültigen AutoCAD Winkelformat eingegeben werden. Am Bildschirm ist die Eingabe von zwei Punkten erforderlich, wobei AutoLISP die Winkellage der beiden Punkte berechnet und die Funktion GETANGLE dieses Ergebnis zurückgibt. Während des "Zeigens" des zweiten Punktes ist dieser mit einer Gummibandlinie mit dem ersten Punkt verbunden.

GETANGLE erlaubt die Angabe des ersten Punktes bereits in der Funktion [<Basispunkt>]. Wird dieser Punkt angegeben, so kann die Eingabe am Bildschirm nur durch das "Zeigen" des zweiten Punktes vorgenommen werden.

Ebenso erlaubt die Funktion, wie alle GET-Funktionen, die Eingabe eines Anfragetextes.

Die allgemeine Form :

```
(GETANGLE [<Basispunkt>] [<Anfrage>])
```

Beispiel:

```
(...
(SETQ win (GETANGLE "in welcher Winkellage ? :"))
```

oder

```
(...
(SETQ ap (GETPOINT "Anfangspunkt : "))
(SETQ richt (GETANGLE ap "Richtung : "))
```

2.4 (GETCORNER ...) Einen zweiten Punkt als Diagonalpunkt eines Rechtecks eingeben

GETCORNER

Die Funktion GETCORNER entspricht im Eigentlichen der Funktion GETPOINT, nur daß ihr bereits ein Punkt, der Basispunkt, mitgegeben werden muß. Die Punkteingabe durch den Benutzer wird als zweiter Punkt im diagonalen Abstand interpretiert. Ein phantombildhaftes Rechteck wird während der Punktwahl angezeigt und mitgezogen.

Die allgemeine Form:

```
(GETCORNER <Basispunkt> [<Anfrage>])
```

Beispiel:

```
(DEFUN beispiel ()
(SETQ pt1 (GETPOINT "ersten Punkt eingeben :"))
(SETQ pt2 (GETCORNER pt1 "Diagonalpunkt :"))
```

Mit SETQ und GETPOINT wird der erste Eckpunkt definiert. GETCORNER gibt die Aufforderung an den Benutzer, er solle den Diagonalpunkt eingeben, der mit SETQ als zweiter Punkt definiert wird.

2.5 (GETREAL ...)
Die Eingabe von Realzahlwerten

Die Funktion (GETREAL...) verlangt vom Benutzer die Eingabe einer reellen Zahl, welche mit SETQ einer Variablen zugewiesen werden kann. Realzahlen werden als Gleitkommawerte mit einer Genauigkeit bis zu sechs Stellen angezeigt. Zur besseren Benutzerführung kann auch diese Funktion mit einer Eingabe-Anfrage ausgestattet werden.

Die allgemeine Form :

```
(GETREAL [<Anfrage>])
```

Beispiel:

```
(GETREAL "bitte Zahl eingeben:")
```

Diese Zeile stoppt eine LISP-Auswertung und wartet auf eine Eingabe durch den Benutzer.

Beispiel:

```
(SETQ a (GETREAL "bitte Zahl eingeben:"))
```

Die jetzt einzugebende Zahl wird der Variablen a als Wert zugewiesen.

ACHTUNG : die Schreibweise für reelle Zahlen, die kleiner 1 sind lautet

```
       0.5  anstelle von .5
 oder  0.01 anstelle von .01 usw.
```
Die erste Null muß jeweils mitgeschrieben werden.

Beispiel "Kreisflächenberechnung" :

```
(DEFUN C:KR-FL ()
(SETQ drm (GETREAL "Durchmesser ? :"))
(/ (* (* drm drm) PI) 4)
)
```

DEFUN C: definiert eine Funktion mit Namen "KR-FL", die als neuer AutoCAD-Befehl aufgerufen werden kann. Mit SETQ und GETREAL wird der Variablen 'drm' (Durchmesser) die vom Benutzer einzugebende Zahl zugewiesen. In der dritten Zeile wird mit der Variablen 'drm' eine Kreisfläche berechnet und das Ergebnis am Bildschirm ausgegeben.

Wird dieses LISP-Programm geschrieben und mit (LOAD ...) geladen, so sieht die Wirkung in der Befehlsanfrage folgendermaßen aus:

Systemanfrage:	Benutzereingabe:
Befehl:	KR-FL
Durchmesser ? :	8
50.2654816	
Befehl:	

2.6 (GETINT ...) Die Eingabe einer Ganzzahl (Integer)

Die Funktion GETINT ist weitgehend identisch mit der Funktion GETREAL, nur daß Ganzzahlen eingegeben werden.

Der Gültigkeitsbereich für Ganzzahlen, die im Programm weniger Speicherplatz beanspruchen, geht von –32768 bis 32767.

Die allgemeine Form :

(GETINT [<Anfrage>])

2.7 (GETSTRING ...)
Die Eingabe von Text

GETSTRING

Die Funktion GETSTRING erlaubt dem Benutzer eine beliebige Zeichenkette einzugeben und sie einer Variablen zuzuweisen. Auch bei dieser Funktion ist es möglich der Eingabe eine Textmeldung voranzustellen.

Die allgemeine Form :

  (GETSTRING [<Wert>] [<Anfrage>])

Beispiel:

Die Funktionszeile

  (SETQ a (GETSTRING "bitte Text eingeben :"))

führt zu folgender Sequenz:

Systemanfrage:	Benutzereingabe:
bitte Text eingeben:	abc123

ACHTUNG, die so ausgeführte Funktion akzeptiert keine Leerzeichen als Texteingabe.

Soll der einzugebende Text *Leerzeichen* enthalten, so ist an die Funktion GETSTRING ein "Wert" anzuhängen, der nicht NIL sein darf. Jeder beliebige Zahlenwert ist möglich, da Zahlen nicht NIL sein können, aber auch definierte Variable können eingesetzt werden.

Beispiel:

  (SETQ a (GETSTRING 10 "bitte Text eingeben :"))
  (SETQ a (GETSTRING 0 "bitte Text eingeben :"))

2.8 (INITGET ...) initialisiert die nächste GET-Funktion

Mit der Funktion INITGET werden, für die Ausführung der nächsten GET-Funktion, verschiedene Ausführungsoptionen festgelegt.

Die allgemeine Form :

    (INITGET [<Bitcode>] [<Schlüsselwortliste>])

Der *Bitcode* bestimmt die Art der Optionen, wobei die Codezahlen beliebig addiert werden dürfen (müssen). Die folgenden Codes werden unterstützt.

Bitcode Bedeutung

    1   keine Leereingabe gestattet
    2   Nullwerteingabe nicht möglich
    4   keine negativen Werte
    8   Limiten werden nicht überprüft
   16   3D-Punkte (X Y Z)
   32   Gummibandlinien werden optisch hervorgehoben (gestrichelt)
   64   Z-Koordinate bei einem 3D-Punkt wird unterdrückt (bei GETDIST).

Es werden von den jeweiligen GET-Funktionen nur diejenigen Optionen unterstützt, welche eine sinnvolle Anwendung ergeben.

Beispiel:

    (...
    (INITGET (+ 1 2 4))
    (SETQ alt (GETINT "wie alt sind Sie ? "))

Die Initialisierung der Funktion GETINT mit der Zahl 7 (+ 1 2 4) verhindert die Eingabe einer Leerantwort, der Zahl 0 oder Buchstaben und negativer Werte.

Zur Abfrage bestimmter Eingaben kann der Funktion INITGET eine *Schlüsselwortliste* angehängt werden, mit der die Eingabe assoziiert (verglichen) wird. Nur wenn die Eingabe durch ein Schlüsselwort referenziert ist, ist sie gültig. Insbesondere die im Anschluß beschriebene Funktion GETKWORD überprüft die Eingabe von initialisierten Schlüsselwörtern.

Beispiel:

    (INITGET 1 "Ja Nein")

initialisiert für die nächste GET-Funktion die Schlüsselwörter Ja und Nein, alle anderen Eingaben werden somit als ungültig zurückgewiesen.

Auch Abkürzungen von Schlüsselwörtern können durch ihre Angabe definiert werden. So erkennt AutoLISP auch die alleinige Eingabe der groß geschriebenen Zeichen der Schlüsselwörtern als richtige Antwort an. In vorherigem Beispiel wäre also auch die Eingabe J oder N gültig, wobei die Eingabe in Groß- oder Kleinschreibung erfolgen darf.

Eine zweite Möglichkeit Abkürzungen von Schlüsselwörtern zu definieren, besteht durch die direkte Angabe der Abkürzung in der Schlüsselwortliste. Hierzu müssen die Abkürzungen, durch Komma getrennt, direkt nach den Wörtern stehen.

Beispiel:

```
(INITGET 1 "lesen,L schreiben,S")
```

initialisiert für die nächste GET-Funktion die Schlüsselwörter lesen, schreiben und die Abkürzungen L und S, alle anderen Eingaben werden als ungültig zurückgewiesen.

2.9 (GETKWORD ...) Eingabe von Schlüsselwörtern

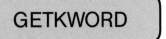

GETKWORD ist eine zu (INITGET <Schlüsselwörter>) passende Eingabefunktion, die mit einer Anfrage gekoppelt werden kann.

Die allgemeine Form:

    (GETKWORD [<Anfrage>])

GETKWORD stoppt das Programm und fordert mit dem <Anfragetext> zu einer Eingabe auf. Die Eingabe wird mit der Schlüsselwortliste der INITGET-Funktion verglichen und bei Übereinstimmung läuft das Programm weiter.

Stimmen Eingabe und Schlüsselwörter nicht überein, so wiederholt AutoLISP die <Anfrage>.

Beispiel:

    (INITGET 1 (Schwarz,1 Rot,2 Gelb,3))
    (SETQ farbe (GETKWORD "Schwarz Rot Gelb :"))

In obigem Beispiel werden die folgenden Schlüsselwörter angenommen:

    schwarz s 1
    rot   r 2
    gelb   g 3

Groß- und Kleinschreibung wird akzeptiert.

2.10 (DISTANCE ...)
Eine Entfernung messen

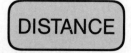

Die Funktion DISTANCE wird mit zwei Koordinatenpaaren ausgeführt und hat deren Entfernung voneinander zum Ergebnis.

Die allgemeine Form :

```
(DISTANCE <Punkt1> <Punkt2>)
```

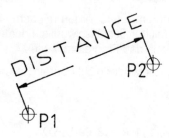

Beispiel :

Es soll der Abstand zwischen zwei geometrischen Orten ermittelt werden.

```
(DEFUN C:ABSTAND ()
(SETQ p1 (GETPOINT "erster Punkt : "))
(SETQ p2 (GETPOINT "zweiter Punkt : "))
(SETQ lg (DISTANCE p1 p2))
(PRINC "Der Abstand beträgt : ") (PRINC lg)
)
```

Als Ergebnis dieser Funktion wird der Abstand der beiden Punkte p1 und p2 der Variablen lg zugewiesen und am Bildschirm angezeigt. Die Funktion PRINC steuert die Bildschirmausgabe der Zeichenkette und der Variablen lg und wird später eingehend beschrieben.

2.11 (ANGLE ...)
Einen Winkel messen

Die Funktion ANGLE wird ebenfalls mit zwei Koordinatenpaaren ausgeführt und gibt deren Winkellage zueinander zurück. Als Bezugsachse gilt die positive X-Achse, wobei der Winkel linksdrehend positiv gemessen wird. Das Ergebnis wird im Bogenmaß zurückgegeben oder einer Variablen zugewiesen.

Die allgemeine Form :

    (ANGLE <Punkt> <Punkt>)

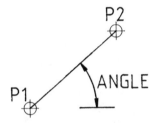

Beispiel :

Es soll der Winkel einer Richtung (z.B. einer Linie) ermittelt werden, die durch zwei Punkte bestimmt ist.

```
(DEFUN C:WINKEL ()
(SETQ p1 (GETPOINT "erster Punkt : "))
(SETQ p2 (GETPOINT "zweiter Punkt : "))
(SETQ wi (ANGLE p1 p2))
(PRINC "Der Winkel beträgt : ") (PRINC wi)
)
```

Als Ergebnis dieser Funktion steht der Winkel, der durch die Punkte p1 und p2 bestimmt ist, im Bogenmaß auf dem Bildschirm.

Die Zeile:

    (SETQ wi-gra (/ (* wi 180) PI))

nach der obigen Programmzeile (ANGLE p1 p2) bewirkt die Umrechnung des Ergebnisses ins Gradmaß.

2.12 (POLAR ...) Einen Punkt mit relativen Polarkoordinaten bestimmen

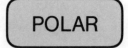

Die Funktion POLAR erfordert die Angabe eines Punktes, eines Winkels im Bogenmaß und eines Abstandes.

Das Ergebnis dieser Funktion sind die Koordinaten des Punktes, der vom angegebenen Punkt unter dem angegebenen Winkel (Bogenmaß) im angegebenen Abstand liegt.

Die allgemeine Form :

```
(POLAR <Punkt> <Winkel> <Abstand>)
```

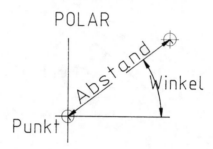

Beispiele:

1. Von einem Punkt ausgehend soll eine 20 Einheiten lange Linie senkrecht nach oben (Pi/2 entspricht 90°) gezeichnet werden.

```
(DEFUN C:LIN-SENK ()
(SETQ p1 (GETPOINT "Anfangspunkt : "))
(SETQ p2 (POLAR p1 (/ PI 2) 20))
(COMMAND "LINIE" p1 p2)
(COMMAND "")
)
```

2. Es soll ein Befehl geschaffen werden, mit dem ein Rechteck variabler Breite und Höhe von einem beliebigen Startpunkt aus gezeichnet werden kann.

```
(DEFUN C:RECHTECK ()
(SETQ br (GETREAL "Breite : "))
(SETQ ho (GETREAL "Höhe   : "))
(SETQ sp (GETPOINT "Startpunkt : "))
(SETQ p2 (POLAR sp 0 br))
(SETQ p3 (POLAR p2 (/ PI 2) ho))
(SETQ p4 (POLAR p3 PI br))
(COMMAND "LINIE" sp p2 p3 p4 "S")
)
```

2.13 Die LISP-Datei- und Eingabefunktionen

Das grundsätzliche Wesen der Dateibehandlung, der Dateiarten und Besonderheiten, die vielfältigen Möglichkeiten, die das Anlegen, Beschreiben und Lesen von Dateien bietet und alles Grundsätzliche über Dateien kann hier aus Platzgründen nicht behandelt werden. Im folgenden werden nur die wichtigsten der AutoLISP-Dateifunktionen auf der Basis ihrer Syntax beschrieben.

Will sich der Anwender in diesem Stadium der AutoLISP-Anwendung noch nicht mit Dateienbehandlung befassen, so kann dieses Kapitel auch übersprungen werden.

Wichtig sind jedoch in jedem Fall die im folgenden Kapitel (2.14) beschriebenen Ausgabefunktionen, da sie nicht nur Dateien sondern auch die Bildschirmausgabe behandeln.

2.13.1 (OPEN ...)

Die Funktion (OPEN ...) öffnet eine sequentielle Datei entweder zum Lesen oder zum Schreiben. Die Funktion OPEN gibt ein internes Dateikennzeichen zurück, mit dem die Ein- und Ausgabebefehle die Datei identifizieren. Aus diesem Grund muß die OPEN-Funktion immer an eine Variable übergeben werden, die dann das <Dateikennzeichen> enthält.

Die allgemeine Form :

```
(OPEN <Dateiname> <Modus>)
```

bzw.

```
(SETQ <Dateikennzeichen> (OPEN <Dateiname> <Modus>))
```

Der Dateiname muß den Betriebssystemanforderungen (MS-DOS) genügen und, in Anführungszeichen stehend, eingegeben werden.

Als gültige Modi werden anerkannt:

```
"w" für write   : Datei schreiben
"r" für read    : Datei lesen
"a" für append  : an bestehende Datei anhängen
```

Die Modi-Zeichen müssen *Kleinbuchstaben* sein !

Beispiele:

```
(SETQ D (OPEN "TEST.DAT" "w"))
(SETQ E (OPEN "DATEN" "r"))
(SETQ F (OPEN "KOORD.TXT" "a"))
```

Die Dateien "TEST.DAT" und "KOORD.TXT" sind zum Schreiben, die Datei DATEN ist zum Lesen geöffnet worden.

2.13.2 (READ-LINE ...), (READ-CHAR ...), Zeichen lesen

Die beiden READ-Funktionen ermöglichen das Lesen aus geöffneten Dateien.

Die allgemeine Form :

    `(READ-LINE [<Dateikennzeichen>])`

Dieser Befehl gibt den jeweils nächsten Datensatz (Zeichenkette) aus der Datei zurück. Soll der Datensatz weiter verarbeitet werden, so muß er an eine Variable übergeben werden.

Beispiel:

    `(SETQ A (READ-LINE E))`

Die obige Funktion liest den nächsten Datensatz aus der Datei "DATEN" (siehe OPEN-Beispiel) und weist ihn der Variablen A zu.

Wird kein Dateikennzeichen angegeben, so wird die Zeichenkette als *Tastatureingabe* erwartet.

Die allgemeine Form :

    `(READ-CHAR [<Dateikennzeichen>])`

Die Funktion (READ-CHAR ...) liest nur ein einziges Zeichen aus der geöffneten Datei und gibt dessen ASCII-Wert als Ganzzahl zurück. Bei wiederholtem Aufruf dieser Funktion wird immer das jeweils nächste Zeichen gelesen.

Wird kein Dateikennzeichen angegeben und ist der Tastaturpuffer des PC's leer, so stoppt das AutoLISP-Programm und wartet auf eine Tastatureingabe. Der ASCII-Wert des ersten eingegebenen Zeichens wird dann zurückgegeben.

2.13.3 (WRITE-LINE ...), (WRITE-CHAR ...), Zeichen schreiben

WRITE-LINE
WRITE-CHAR

Die beiden WRITE-Funktionen ermöglichen das Beschreiben von geöffneten Dateien. Zu diesem Zweck gibt es auch eine Reihe von PRINT-Funktionen, die im nächsten Abschnitt beschrieben werden. Alle "Schreib"-Funktionen lassen sich auch einsetzen um Zeichen auf den Bildschirm zu bringen.

Die WRITE-LINE-Funktion schreibt <Zeichenketten> in die Datei, welche durch das <Dateienkennzeichen> angegeben ist. Wird kein Dateienkennzeichen angegeben, so wird die Zeichenkette auf den Bildschirm geschrieben.

Die allgemeine Form :

```
(WRITE-LINE <Zeichenkette> [<Dateikennzeichen>])
```

Die WRITE-CHAR-Funktion schreibt ein einzelnes Zeichen in die Datei, welche durch das <Dateienkennzeichen> angegeben ist. Es wird das Zeichen geschrieben, welches die anzugebende <Zahl> als ASCII-Code hat. Wird kein Dateienkennzeichen angegeben, so wird das Zeichen auf den Bildschirm geschrieben.

Die allgemeine Form :

```
(WRITE-CHAR <Zahl> [<Dateikennzeichen>])
```

Beispiele:

```
(SETQ D (OPEN "TEST.DAT" "w"))
(WRITE-LINE "Linie 200,100,23 rot mitte" D)
```

schreibt "Linie 200,100,23 rot mitte" in die Datei TEST.DAT. Derselbe Effekt wird durch folgende Zeilen erreicht:

```
(SETQ D (OPEN "TEST.DAT" "w"))
(SETQ text "Linie 200,100,23 rot mitte")
(WRITE-LINE text D)
```

2.13.4 (CLOSE ...)

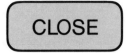

Die Funktion (CLOSE ...) schließt die Dateienbehandlung ab.

Die allgemeine Form :

    `(CLOSE <Dateikennzeichen>)`

Beispiele:

```
(CLOSE D)
(CLOSE E)
(CLOSE F)
```

2.14 Bildschirm- und Dateiausgabefunktionen

AutoLISP kennt vier Print-Funktionen, die jedoch, mit kleinen Unterschieden, alle ähnlich funktionieren.

2.14.1 (PROMPT ...) bringt Text auf den Bildschirm

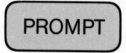

(PROMPT ...) gibt Zeichen nur auf dem Bildschirm aus. Bei Zwei-Schirm-Systemen wird die Information auf beiden Schirmen angezeigt. Variablenwerte werden nicht angezeigt.

Die allgemeine Form :

```
(PROMPT " <Text> ")
```

2.14.2 (PRINC ...)
schreibt Zeichenketten

PRINC, PRIN1, PRINT

(PRINC ...) gibt Zeichen auf dem Bildschirm aus oder schreibt sie in eine Datei, die geöffnet sein muß. Anführungszeichen werden nicht mitgeschrieben. Diese Funktion wird vor allem für Ausgaben auf dem Bildschirm eingesetzt.

PRINC führt im Text enthaltene Steuerzeichen als Funktion aus!

Die allgemeine Form :

```
(PRINC <Zeichenkette> [<Dateikennzeichen>])
```

Steuerzeichen müssen mit dem Zeichen "\" (Backslash) gekennzeichnet werden.

Folgende Zeichen werden interpretiert:

```
\e   für Escape
\n   für Zeilenumbruch
\r   für Return
\t   für einen Tabulatorsprung
\xxx, wobei das Zeichen ausgegeben wird, dessen
     Oktalcode "xxx" ist.
```

Beispiel: BEEP-Funktion für AutoLISP

```
(DEFUN BEEP ()
     (PRINC (CHR 7))
)
```

2.14.3 (PRIN1 ...)
schreibt Zeichenketten

(PRIN1 ...) gibt Zeichen auf dem Bildschirm aus oder schreibt sie in eine Datei, die geöffnet sein muß. Es wird kein Zeilenumbruch oder Leerzeichen eingefügt.

Diese Funktion wird vorallem für Ausgaben in eine Datei eingesetzt.

Sollen in der Zeichenkette ein Zeilenumbruch oder andere Steuerzeichen enthalten sein, so müssen diese mit dem Zeichen "\" erreicht werden, sie entsprechen den be PRINC beschriebenen Zeichen.

Steuerzeichen werden in ihrer Funktion nicht ausgeführt.

Die allgemeine Form :

```
(PRIN1 <Zeichenkette> [<Dateikennzeichen>])
```

Beispiele:

    (PRIN1 "Das ist ein Test" D)

Dieser Text wird in die *neue* Datei "TEST.DAT" geschrieben, die Datei wurde dem <Dateikennzeichen> D zugeordnet und im "write"-Modus geöffnet (siehe "OPEN ...").

    (PRIN1 "50,100 - 300,450" F)

Dieser Text wird an die bestehende Date "KOORD.TXT" angehängt, die Datei wurde dem <Dateikennzeichen> F zugeordnet und im "append"-Modus geöffnet (siehe "OPEN .."). Sollte die Datei noch nicht existieren, wird sie erzeugt.

2.14.4 (PRINT ...)

(PRINT ...) gibt Zeichen auf dem Bildschirm aus oder schreibt sie in eine Datei, die geöffnet sein muß. Vor den auszugebenden Zeichen erfolgt ein Zeilenumbruch, danach die Einfügung eines Leerzeichens.

Die allgemeine Form :

    (PRINT <Zeichenkette> [<Dateikennzeichen>])

2.14.5 (TERPRI)

(TERPRI), terminate print, verursacht einen Zeilenumbruch nur auf dem Bildschirm.

Beispiele:

```
(PRIN1 "das ist eine ")
(PRIN1 "gedruckte Zeile")
```

ergibt: das ist eine gedruckte Zeile

```
(PRINT "das ist eine")
(PRINT "gedruckte Zeile")
```

ergibt: das ist eine
gedruckte Zeile


```
(PRIN1 "das ist eine")
(TERPRI)
(PRIN1 "gedruckte Zeile")
```

ergibt: das ist eine
gedruckte Zeile

Die Funktion *(TERPRI)* verursacht einen Zeilenumbruch nur auf dem Bildschirm.

2.15 Übung zu Kapitel 2

AUFGABE : "BOX1.LSP"

Erstellen Sie ein Programm zum Erzeugen eines Vierecks durch Eingabe des Startpunktes, der Länge und der Höhe.

Lösung im Anhang A1

AUFGABE : "BOX2.LSP", <Erweiterung von BOX1.LSP>

Erweitern Sie das Programm zum Erzeugen eines Vierecks durch die Eingabemöglichkeit eines Drehwinkels. Das Zeichnen der Kontur soll immmer im Layer 0 erfolgen, die Funktionsrückmeldung soll unterdrückt werden.

Lösung im Anhang A1

2.16 PROGRAMM 2 – ...

```
; RELATIV.LSP verlangt die Eingabe eines Ausgangspunktes,
; der auch mit den Möglichkeiten des Objektfangs bestimmt
; werden kann. Es muß dann relativ zu diesem Punkt ein
; Abstand und ein Winkel eingegeben werden. An dem so
; bestimmten neuen Punkt wird ein Punkt gezeichnet,
; der mit dem Objektfang "PUNKT" zum Weiterzeichnen
; hergenommen werden kann.
;
(DEFUN C:RELATIV ()
        (SETQ pts (GETPOINT "Relativ zu: "))
        (SETQ dist (GETDIST pts "Abstand hiervon: "))
        (SETQ ang (GETANGLE pts "im Winkel: "))
        (SETQ pt (POLAR pts ang dist))
        (COMMAND "PUNKT" pt)
)
;
;
;
; LA-LOCH.LSP definiert einen AutoCAD-Befehl der mit der
; Eingabe eines Start- und eines Endmittelpunktes sowie der
; halben Breite ein Langloch (oder eine Paßfeder, ...)
; zeichnet.
;
(DEFUN C:LA-LOCH (/ smp emp r w p1 p)
        (SETQ smp (GETPOINT "Startmittelpunkt: "))
        (SETQ emp (GETPOINT "Endmittelpunkt: "))
        (SETQ r (GETDIST smp "halbe Breite: "))
        (SETQ w (ANGLE smp emp))
        (COMMAND "BOGEN"
                (SETQ p1 (POLAR smp (+ w (* 0.5 PI)) r))
                (SETQ p (POLAR smp (+ w PI) r))
                (SETQ p (POLAR smp (+ w (* 1.5 PI)) r))
        )
        (COMMAND "LINIE" p
                (SETQ p (POLAR emp (- w (* 0.5 PI)) r)) ""
        )
        (COMMAND "BOGEN" p
                (SETQ p (POLAR emp w r))
                (SETQ p (POLAR emp (+ w (* 0.5 PI)) r))
        )
        (COMMAND "LINIE" p p1 "")
)
```

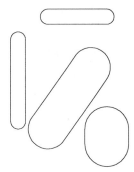

In dem folgenden Programm ist die IF-THEN-ELSE Struktur eingebaut. Sie ist mit Kommentarzeilen ausführlich dokumentiert, sodaß die Funktion aus dem Programmtext hervorgeht. Im Kapitel 4 werden Verzweigungen ausführlich beschrieben.

```
;ECK zeichnet VIERECK
;
(DEFUN C:ECK()
;
    (SETQ h1 (GETPOINT "\nlinker,unterer Eckpunkt :"))
    (SETQ h3 (GETCORNER h1 "\nrechter,oberer Eckpunkt oder

                          RETURN fuer Laenge/Hoehe :"))
;wenn Eingabe Return <und somit h3=nil>
    (IF (= h3 nil)
;dann:
            (progn
                (SETQ l (GETDIST h1 "Laenge :"))
                (SETQ h (GETDIST h1 "Hoehe :"))
            )
;ansonsten:
            (progn
                (SETQ l (- (CAR h3) (CAR h1)))
                (SETQ h (- (CADR h3) (CADR h1)))
            )
;end if
    )
    (SETQ wi (GETANGLE h1 "\nDrehwinkel <0> :"))
;wenn Eingabe Return, dann Drehwinkel = 0 Grad
    (IF (= wi nil) (SETQ wi 0))
;ansonsten:
        (SETQ fi (/ pi 2)
              h2 (POLAR h1 wi l)
              h3 (POLAR h2 (+ wi fi) h)
              h4 (POLAR h3 (+ wi pi) l)
```

```
      ;end if
      )
;
      (COMMAND "Linie" h1 h2 h3 h4 "s")
;
      (PRINC)
)
(PRINC)
```

KAPITEL 3

LISTEN-Verarbeitung, LISTEN-Assoziationen

3.1 Was ist eine "Liste"

LISP, LIST-Prozessor, Listen-Verarbeiter ist Übersetzung und Erklärung zugleich. Die Programmiersprache LISP verarbeitet Listen nach dem in Abschnitt 1.2 genannten Schema.

Listen sind Aneinanderreihungen von Ausdrücken und/oder Werten.

Eine Zahlenliste der geraden Zahlen von 0-20 :

```
(0 2 4 6 8 10 12 14 16 18 20)
```

Eine Liste von AutoCAD-Befehlen:

```
("PUNKT" "LINIE" "BOGEN" "KREIS")
```

Listen können wiederum Listen enthalten.

```
((2 4 6 8) (1 3 5 (5.5 6 6.5) 7) ("FAHRRAD" "AUTO"))
```

oder

```
(("KREIS" 34 45 100 "ROT") ("LINIE" 22 34 10 "GELB")
( ...))
```

Im ersten Kapitel, im Abschnitt 1.3, wurden bereits einige Listen vorgestellt. Das letzte Beispiel dieser Vorstellung war eine AutoCAD-Liste für ein Zeichenelement, ein Entity. Sehen wir uns diese Liste noch einmal an.

```
((-1 . <Entity Name: 600000A0>) (0 . "ARC")
(5 . "A10") (6 . "GESTRICHELT") (8 . "0")
(10 100.0 90.0 15.0)
(40 . 30.0) (50. 1.570796) (51 . 0.0)
(62 . 3))
```

Wir erkennen nun, daß es sich um eine Liste handelt, die einige Unterlisten enthält. Ordnen wir diese Liste nach Unterlisten,

```
(
(-1 . <Entity Name: 600000A0>)
(0 . "ARC")
(5 . "A10")
(6 . "GESTRICHELT")
(8 . "0")
(10 100.0 90.0 15.0)
(40 . 30.0)
(50. 1.570796)
(51 . 0.0)
(62 . 3)
)
```

so können wir zweierlei sehen:

1. Nur durch eine übersichtliche, geordnete Schreibweise der Daten und Programme ist es möglich die Zusammenhänge darzustellen, den Programmlauf zu verfolgen, Fehler suchen und finden zu können.

2. Die Unterlisten enthalten strukturierte Informationen über das Element. Die erste Zahl einer Unterliste ist jeweils eine Code-Nummer, der die eigentliche Information zugeordnet ist, z.B. CODE "0" – Information "ARC". Bei einigen Unterlisten befindet sich nach der Codezahl ein Punkt, diese Form der Listen werden "Dotted Pairs" genannt und im Kapitel 6 näher beschrieben.

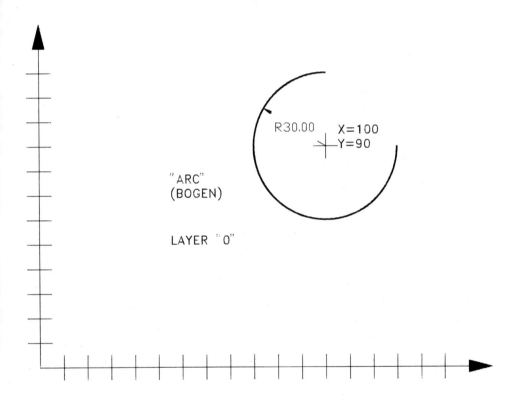

3.2 (LIST ...) Eine Liste erzeugen

Bevor Listen existieren, müssen sie geschrieben sein. AutoLISP stellt hierfür die Funktion LIST zur Verfügung.

Die allgemeine Form:

    (LIST <Elemente>)

Wir können im AutoCAD-Befehlsmodus eingeben:

Systemanfrage:	Benutzereingabe:
Befehl: (2 4 6) Befehl:	(LIST 2 4 6)

so wird die Liste (2 4 6) erzeugt und zurückgegeben. Wollen wir die Liste konservieren um mit ihr arbeiten zu können, so muß die Eingabe lauten:

Systemanfrage:	Benutzereingabe:
Befehl: (2 4 6) Befehl:	(SETQ A (LIST 2 4 6))

nun können wir die Liste jederzeit wieder aufrufen.

Systemanfrage:	Benutzereingabe:
Befehl: (2 4 6) Befehl:	!A

Achtung ! Die Funktion (LIST A 10) fügt den Wert 10 nicht unserer Liste A an sondern kreiert eine neue Liste mit der Unterliste A und dem Wert 10 : ((2 4 6) 10).

Systemanfrage:	Benutzereingabe:
Befehl: ((2 4 6) 10) Befehl:	(SETQ B (LIST A 10))

3.3 (QUOTE ...) Eine andere Möglichkeit Listen zu erzeugen, das Zeichen ' (Apostroph).

Aus dem Abschnitt 1.2 kennen wir die Grundstruktur einer LISP-Funktion, die jeden Ausdruck als

    (Funktion Argument Argument ...)

interpretiert und die Argumente mit der definierten Funktion auswertet (evaluiert).

Wie zu jeder Regel, so gibts auch hierzu die berühmte Ausnahme. Die Funktion (QUOTE ...) sorgt dafür, daß die Argumente nicht ausgewertet werden.

Die allgemeine Form :

    (QUOTE <Ausdruck>)

Beispiele :

(QUOTE A)	ergibt	A
(QUOTE 123)	ergibt	123
(QUOTE (A B))	ergibt	(A B)
(QUOTE (12 34 78.5))	ergibt	(12 34 78.5)

Wir können also auch mit der Funktion (QUOTE ...) Listen erzeugen, auch wenn dies nicht die ursprüngliche Aufgabe dieser Funktion ist.

Relativ häufig kommt es nun in LISP vor, daß Ausdrücke, die nicht ausgewertet werden sollen, an eine Funktion oder an eine Variable übergeben werden müssen. Wegen dieser Häufigkeit schuf man als Ersatz für den Funktionsnamen "QUOTE" das Zeichen ' *(Apostroph)*. Alle obigen Funktionen lassen sich also auch so schreiben:

'A	ergibt	A
'123	ergibt	123
'(A B)	ergibt	(A B)
'(12 34 78.5)	ergibt	(12 34 78.5)

Diese Abkürzung kann jedoch nicht im AutoCAD-Direktmodus eingegeben werden, da AutoLISP-Ausdrücke nur erkannt werden, wenn sie mit (oder ! beginnen.

Unser Beispiel aus dem vorherigen Abschnitt kann damit die folgende Form annehmen:

Systemanfrage: Benutzereingabe:

Befehl: (SETQ A '(2 4 6))
(2 4 6)
Befehl:

Womit ebenfalls die Variable A auf den Listenwert (2 4 6) gesetzt wird.

3.4 (CAR ...) Das erste Element

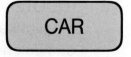

Das Arbeiten mit Listen ist nur dann sinnvoll, wenn man auch mit den einzelnen Elementen einer Liste arbeiten kann.

Die Funktion CAR gibt jeweils das erste Element einer Liste zurück.

Das Ergebnis der Funktion CAR ist somit immer ein Listen-Element. Existiert keine Unterliste, so gibt CAR ein ATOM zurück.

Die allgemeine Form:

    (CAR <Liste>)

Wir haben aus vorherigem Beispiel die Liste (2 4 6) der Variablen A zugeordnet.

Systemanfrage:	Benutzereingabe:
Befehl:	(SETQ B (CAR A))
2	
Befehl:	!B
2	
Befehl:	

(CAR A) nimmt das erste Element der Liste A und (SETQ B ...) weist es der Variablen B zu.

Enthält eine Liste als erstes Element eine Unterliste, so wird diese durch CAR angesprochen. Nehmen wir als Beispiel noch einmal unsere AutoCAD-Entity-Liste

    (((-1 . <Entity Name: 600000A0>) (0 . "ARC")
    (5 . "A10") (8 . "0") (10 100.0 90.0 15.0)
    (40 . 30.0) (50 . 1.570796) (51 . 0.0))

und weisen sie der Einfachheit halber der Variablen "Bogen" zu:

    (SETQ Bogen (LIST
    ((-1 . <Entity Name: 600000A0>) (0 . "ARC")
    (5 . "A10") (8 . "0") (10 100.0 90.0 15.0)
    (40 . 30.0) (50. 1.570796) (51 . 0.0))))

Die Funktion

    (SETQ e-name (CAR Bogen))

gibt uns die erste Unterliste zurück und weist sie zugleich der Variablen "e-name" zu. Im AutoCAD-Befehlsmodus könnten wir uns mit der Eingabe "!e-name" die erste Unterliste, den Entity-Name, ansehen:

3.4 (CAR ...) Das erste Element

Systemanfrage: Benutzereingabe:

Befehl: !e-name
        ergibt
(-1 . <Entity name: 600000A0>)

Befehl: (CAR e-name)
        ergibt
-1

3.5 (CDR ...) Der Listen-Rest

Während für die Funktion CAR keine einfache Übersetzung angegeben werden kann, könnte man sich die Bedeutung der Funktion CDR mit "second and remaining", dem "Zweiten und Rest" denken. Diese Übersetzung ist insofern zutreffend als CDR grundsätzlich den Rest einer Liste, angefangen beim zweiten Element, wiedergibt.

Das Ergebnis der Funktion CDR ist somit wieder eine Liste, die je nach Inhalt auch nur ein Element enthalten kann.

Die allgemeine Form:

    (CDR <Liste>)

Bereits im Abschnitt 3.1 wurde auf eine Sonderform der Listenkonstruktion, die "Dotted Pairs", hingewiesen. Die Funktion CDR ergibt mit "Dotted Pair" nicht den Listenrest als Liste sondern das zweite Element des "Dotted Pair" als Atom zurück (mehr darüber im Kapitel 6).

Unsere Liste sei weiterhin mit (SETQ A (LIST 2 4 6)) definiert.

Systemanfrage:	Benutzereingabe:
Befehl:	(SETQ C (CDR A))
(4 6)	
Befehl:	!C
(4 6)	
Befehl:	

(CDR A) gab also den Rest der Liste A ab dem zweiten Element zurück, (SETQ C ...) übergab diesen Listenrest an die Variable C.

Erinnern wir uns, mit CAR konnten wir das erste Element einer Liste extrahieren. Die Funktion (CAR C) gibt uns jetzt also die 4 (das neue erste Element) zurück. Fassen wir die Funktionen CDR und CAR zusammen, so können wir auch direkt das zweite Element der Liste A ansprechen.

Die Funktionen

    (SETQ D (CAR C))   [C beinhaltet (CDR A)]

oder

    (SETQ D (CAR (CDR A)))

übergeben beide das zweite Element der Liste A an die Variable D. Insbesondere die zweite Form der Funktion bringt uns den Übergang zum nächsten Abschnitt.

3.6 (CADR ...) Das zweite Element

Die Funktion CADR stellt also eine Kombination der Funktionen CAR und CDR dar und extrahiert das zweite Element einer Liste. Betrachten wir uns das Ergebnis wieder anhand unserer Liste A die die Elemente (2 4 6) enthält.

Systemanfrage:	Benutzereingabe:
Befehl:	(SETQ E (CADR A))
4	
Befehl:	!E
4	
Befehl:	

Als zweites Beispiel zur Funktion CADR wollen wir noch einmal unsere AutoCAD-Entity-Liste ansehen, die als zweites Element wieder eine Unterliste enthält.

```
((-1 . <Entity Name: 600000A0>) (0 . "ARC")
(5 . "A10") (8 . "0") (10 100.0 90.0 15.0)
(40 . 30.0) (50 . 1.570796) (51 . 0.0))
```

Mit der Funktion SETQ haben wir diese Liste bereits der Variablen "Bogen" zugewiesen.

Die Funktion

```
(SETQ E-Bezeich (CADR Bogen))
```

gibt uns nun die zweite Unterliste zurück und weist sie zugleich der Variablen "E-Bezeich" zu.

Systemanfrage:	Benutzereingabe:
Befehl:	!E-Bezeich
ergibt	
(0. "ARC")	

Auch für die Restliste nach dem zweiten Element, also ab Stelle drei, gibt es eine Befehlskombination aus CDR und CDR nämlich die Funktion **CDDR**.

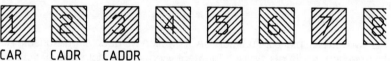

3.7 (CADDR ...) Das dritte Element

Die Kombinationen von CAR und CDR miteinander und untereinander unterstützt AutoLISP bis in die vierte Ebene. Entsprechend der bisherigen Logik können wir uns die Befehle für das dritte Element, den Rest ab dem dritten Element und für das vierte Element selbst zusammenreimen.

Für sinnvolle Anwendungen von AutoLISP genügen die ersten drei Elemente, da wir es sehr häufig mit X-, Y- und Z-Koordinaten-Listen zu tun haben. Entity-Listen müssen ohnehin nach einem anderen Schema bearbeitet werden, da die Bedeutung an gleichen Listenstellen unterschiedlich sein kann.

Das dritte Element erreichen wir mit der folgenden Funktionskombination:

```
(SETQ F (CAR (CDR (CDR A))))
```

als erstes (CAR ..) Element der Restliste (CDR ..) von der Restliste (CDR ..) von A.

Oder eben mit:

```
(SETQ F (CADDR A)
```

Den Rest ab hier gibts wieder mit **CDDDR** und das vierte Element mit **CADDDR**.

3.8 X-, Y- und Z-Koordinaten

Die Listenelementextraktion sollte nicht Selbstzweck sein sondern einer wichtigen Bedeutung zugeführt werden, der Manipulation von Koordinaten. Da AutoCAD nun weitgehend 3D-fähig ist, wollen wir uns von vornherein um dreidimensionale Koordinatenangaben kümmern

   `(SETQ P1 (LIST 100 150 10))`

bestimmt die Variable P1 als Liste und weist ihr die Werte (100 150 10) zu. Es ist nicht schwer zu erraten, daß P1 ein Punkt im Koordinatensystem sein soll, der seinen X-Wert bei 100, seinen Y-Wert bei 150 und seinen Z-Wert bei 10 hat.

Nehmen wir an, dies sei der eine Eckpunkt eines Würfels mit der Kantenlänge 50, dann würde der räumlich diagonal gegenüberliegende Eckpunkt (P8) die folgenden Koordinaten haben.

   `(SETQ P8 (LIST 150 200 60))`

Oder in AutoLISP rechnerisch ermittelt:

```
(SETQ P8 (LIST (+ 50 (CAR P1))
               (+ 50 (CADR P1))
               (+ 50 (CADDR P1))))
```

Die dazwischenliegenden sechs Punkte (P2-P7) können mit Hilfe der CAR und CDR Kombinationen ermittelt und zugewiesen werden.

  für die Z=10 Ebene:

```
(SETQ P2 (LIST (CAR P8) (CADR P1) (CADDR P1)))
(SETQ P3 (LIST (CAR P1) (CADR P8) (CADDR P1)))
(SETQ P4 (LIST (CAR P8) (CADR P8) (CADDR P1)))
```

  für die Z=60 Ebene:

```
(SETQ P5 (LIST (CAR P1) (CADR P1) (CADDR P8)))
(SETQ P6 (LIST (CAR P8) (CADR P1) (CADDR P8)))
(SETQ P7 (LIST (CAR P1) (CADR P8) (CADDR P8)))
```

Die Aufteilung der Koordinaten auf die acht Würfelpunkte kann entweder durch Überlegen oder im Wiederholungsfall durch einen entsprechenden Algorithmus vorgenommen werden.

Mit der Ermittlung der einzelnen Punkte ist es nun ein Leichtes unser erstes Variantenprogramm, nämlich ein 3D-Programm zum Zeichnen eines Würfels, ausgehend von einer Ecke und der Kantenlänge, zu erstellen.

Der Würfel kann im 3D-Drahtmodell mit dem AutoCAD-Befehl LINIE oder im 3D-Flächenmodell mit dem AutoCAD-Befehl 3DFLÄCHE(3DFLAECH) gezeichnet werden.

3.8 X-, Y- und Z-Koordinaten

```
;Prog. 3D-Wuerfel*
;
(DEFUN C:3DWUERF ()
;
;Eingabe der Ecke und der Kantenlänge
(INITGET 16)
(SETQ P1 (GETPOINT "Anfangsecke <unten, vorne>
                    eingeben : "))
(SETQ LANG (GETREAL "Kantenlaenge : "))
;
;Punkte berechnen
(SETQ P8 (LIST (+ LANG (CAR P1))
               (+ LANG (CADR P1))
               (+ LANG (CADDR P1))))
(SETQ P2 (LIST (CAR P8) (CADR P1) (CADDR P1)))
(SETQ P3 (LIST (CAR P1) (CADR P8) (CADDR P1)))
(SETQ P4 (LIST (CAR P8) (CADR P8) (CADDR P1)))
(SETQ P5 (LIST (CAR P1) (CADR P1) (CADDR P8)))
(SETQ P6 (LIST (CAR P8) (CADR P1) (CADDR P8)))
(SETQ P7 (LIST (CAR P1) (CADR P8) (CADDR P8)))
;
;Zeichnen im Flächenmodell
(COMMAND "3DFLÄCHE" P1 P2 P4 P3 P7 P8 P6 P5 P1 P2)
(COMMAND "")
(COMMAND "3DFLÄCHE" P2 P4 P8 P6)
(COMMAND "")
(COMMAND "3DFLÄCHE" P1 P3 P7 P5)
(COMMAND "")
)
```

Die Funktion INITGET mit dem Wert 16 setzt die nachfolgende GETPOINT-Eingabe auf 3D-Koordinaten.

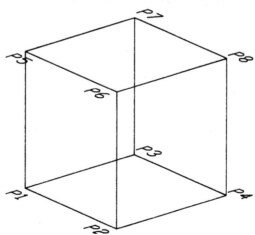

* bis AutoCAD Version 10 muß anstelle 3DFLÄCHE der Befehl 3DFLAECH geschrieben werden.

3.9 (CONS ...) Neues erstes Listenelement einfügen

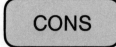

Wir erinnern uns: mit der Funktion LIST kann man einzelne Elemente (Werte, Variable, Listen) zu einer Liste zusammenfassen. Das Hinzufügen von Elementen zu solch einer Liste ist mit dieser Funktion nicht möglich.

Die Funktion CONS (construct a new list) ermöglicht das Einfügen von Elementen in bestehende Listen.

Die allgemeine Form:

        (CONS <neues erstes Element> <alte Liste>)

Beispiel:

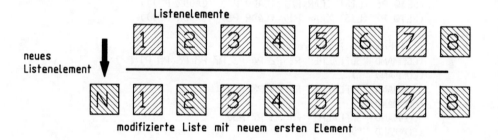

Unsere Liste A beinhaltet weiter die Werte (2 4 6). Wir wollen dieser Liste das Element B hinzufügen, das den Wert 0 haben soll.

        (SETQ B 0)
        (SETQ A (CONS B A))   ergibt   (0 2 4 6)

Die Funktion CONS nimmt den Wert B und stellt ihn der Liste A voran. Unsere neue Liste beinhaltet nun den Wert 0 an erster Stelle. Soll der Wert 0 an die Liste hinten angefügt werden, so muß die Funktion folgendermaßen aussehen:

        (SETQ A (CONS A B))   ergibt   (2 4 6 0)

3.10 (SUBST ...) Listenelemente austauschen (alt gegen neu)

Die Funktion SUBST ermöglicht das Austauschen einzelner Listenelemente.

Die allgemeine Form:

    (SUBST <neues E.> <altes E.> <in Liste>)

Das alte Element wird aus der Liste entfernt und an seiner Stelle wird das neue Element eingefügt.

Beispiel:

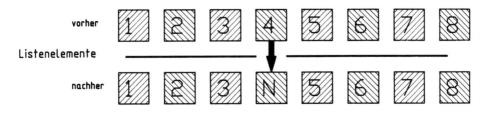

Unsere Liste A (2 4 6) soll anstelle der 4 eine 8 bekommen.

    (SETQ A (SUBST 8 4 A))   ergibt   (2 8 6)

Ein praktisches Beispiel soll auch hier anhand der Entity-Liste verdeutlicht werden. Die Liste haben wir bereits der Variablen "Bogen" zugeordnet und können sie nun über diese Variable ansprechen.

    Entity-Liste "Bogen":

    ((-1 . <Entity Name: 600000A0>) (0 . "ARC")
    (5 . "A10") (8 . "0") (10 100.0 90.0 15.0)
    (40 . 30.0) (50 . 1.570796) (51 . 0.0))

An vierter Stelle in dieser Liste befindet sich die Unterliste (10 100.0 90.0 15.0). Diese Liste steht mit dem Code 10 für die Mittelpunktskoordinaten x, y und z des Bogens. Soll der Bogen an einer anderen Stelle gezeichnet werden, so können diese Koordinaten einfach geändert werden.

Sind die neuen und alten Koordinaten mit

```
(SETQ neumitt (LIST 10 50.000000 25.5000000 15.000000))
(SETQ altmitt (LIST 10 100.000000 90.0000000 15.000000))
```

den Variablen "neumitt" und "altmitt" zugeordnet, so genügt die Eingabe:

```
(SUBST neumitt altmitt Bogen)
```

um die neue Bogenliste:

```
((-1 . <Entity Name: 600000A0>) (0 . "ARC")
 (5 . "A10") (8 . "0") (10 50.000000 25.500000 15.000000)
 (40 . 30.000000) (50 . 1.570796) (51 . 0.000000))
```

entstehen zu lassen.

Anstelle der Variablen "neumitt" und "altmitt" wäre auch eine direkte Eingabe der Unterlisten möglich gewesen.

3.11 (ASSOC ...) Listen vergleichen und assoziieren

Eine sehr leistungsfähige Funktion, innerhalb von Listen bestimmte Elemente durch Vergleichen zu finden, stellt ASSOC (associative) dar.

Die allgemeine Form:

```
(ASSOC <Vergleichselement> <Such-Liste>)
```

Bleiben wir wieder beim Beispiel unserer Bogen-Entity-Liste, von der wir nun schon wissen, daß sich hinter dem Code 0 die Elementbezeichnung und hinter dem Code 10 Koordinaten befindet.

Entity-Liste "Bogen":

```
((-1 . <Entity Name: 600000A0>) (0 . "ARC")
(5 . "A10") (8 . "0") (10 50.0 25.5 15.0)
(40 . 30.0) (50 . 1.570796) (51 . 0.0))
```

Nehmen wir an, wir kennen die Koordinaten des Bogens nicht, wollen sie aber trotzdem mit SUBST gegen andere austauschen. Wir müssen sie also zuerst suchen und finden, wobei der Code 10 unser Anhaltswert ist.

```
(SETQ altmitt (ASSOC 10 Bogen))
```

ergibt für altmitt: (10 100.0 90.0 15.0)

Die Funktion (ASSOC 10 Bogen) sucht nach dem Assoziationselement (Vergleichselement) "10" in der Liste "Bogen" und gibt die dazugehörende Unterliste (10 100.000000 90.000000 15.000000) zurück, die mit SETQ natürlich auch einer Variablen zugewiesen werden kann.

Weitere Beispiele aus der Entity-Liste "Bogen":

```
(ASSOC -1 Bogen)   =   (-1 . <Entity name:600000A0>)
(ASSOC 0 Bogen)    =                    (0 . "ARC")
(ASSOC 8 Bogen)    =                      (8 . "0")
(ASSOC 40 Bogen)   =                    (40 . 30.0)
(ASSOC 50 Bogen)   =                (50 . 1.570796)
(ASSOC 51 Bogen)   =                     (51 . 0.0)
```

So läßt sich nach und nach die Entity-Liste in ihre Einzelteile zerlegen. Zusammen mit SUBST ergeben sich sehr umfassende Möglichkeiten, die Inhalte von Listen zu manipulieren.

Beispielprogramm:

```
WELL-NUT.LSP zeichnet Nuten in vorhandene Bögen oder Kreise

;Kreise oder Bögen werden mit positiver (Lasche) oder
;negativer Nut (Keilnut) versehen
;
(DEFUN C:WELL-NUT (/ cp rad ang1 ang2 p1 clayer cblip cen
                    select slayer p2 p3 p4)
  (SETVAR "CMDECHO" 0)
  (SETQ
       clayer (GETVAR "CLAYER")
       cblip (GETVAR "BLIPMODE")
       cen (ENTGET (CAR (ENTSEL "waehle Bogen oder
            Kreis: ")))
       select (CDR (ASSOC 0 cen))
  )
  (IF (OR (= select "CIRCLE")
          (= select "ARC")
      )
      (PROGN
           (SETQ
             slayer (CDR (ASSOC 8 cen))
             rad (CDR (ASSOC 40 cen))
             cp (CDR (ASSOC 10 cen))
             ang1 (GETREAL "\nWinkel zur Waagrechten: ")
             ang1 (* PI (/ ang1 180.0))
             w (GETREAL "\nBreite: ")
             h (GETREAL "\nTiefe: ")
             h1 (SQRT (- (* rad rad)(* (/ w 2.0)(/ w 2.0))))
             ang2 (ATAN (/ (/ w 2.0) h1))
             p1 (POLAR cp (- ang1 ang2) rad)
             p2 (POLAR p1 ang1 h)
             p4 (POLAR cp (+ ang1 ang2) rad)
             p3 (POLAR p4 ang1 h)
           )
           (COMMAND "LAYER" "S" slayer "")
           (SETVAR "BLIPMODE" 0)
           (COMMAND "BRUCH" p1 p4)
           (COMMAND "LINIE" p1 p2 p3 p4 "")
           (COMMAND "LAYER" "S" clayer "")
           (SETVAR "BLIPMODE" cblip)
           (SETVAR "CMDECHO" 1)
      )
      (PRINC "\ndas ist weder ein Bogen noch ein Kreis!")
  )
(PRINT)
)
```

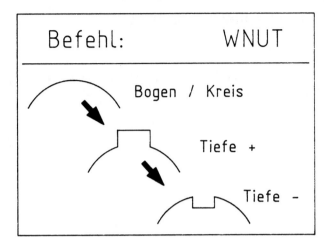

3.12 Übung zu Kapitel 3 : "BOX3.LSP"

AUFGABE : "BOX3.LSP"

Erstellen Sie ein Programm zum Erzeugen eines Vierecks nach der Eingabe von zwei Diagonalpunkten (Fenster) und dem Drehwinkel.

Lösung im Anhang A1

3.13 PROGRAMM 3 – ...

```
;KOORD.LSP  schreibt zu Elementpunkten die
;Zeichnungskoordinaten

(defun C:KOORD ()

(SETQ c1
    (GETPOINT "picke einen Elementpunkt <mit O-Fang>: "))

(SETQ h (GETREAL "Texthöhe : "))

    ;die Koordinateninformation aufbereiten
(SETQ cx (CAR c1))            ; x-Koordinate
(SETQ cy (CDR c1))            ; y-Koordinate
(SETQ csx (RTOS cx 2 4))      ;RTOS verändert die
(SETQ csy (RTOS cy 2 4))      ;dargestellten Einheiten
(SETQ c2 (STRCAT csx ", " csy));STRCAT fügt Strings zusammen
(SETQ c3 (LIST cx (+ cy 0.1)))
(COMMAND "TEXT" "M" c3 h "0" c2)
)
```

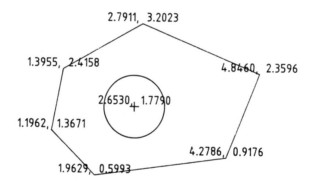

Schrifthöhe für X, Y-Werte vergrößert dargestellt

KAPITEL 4

Bedingte Funktionen, Verzweigungen und Rekursionen

4.1 (COND ...) condition, bedingte Funktion

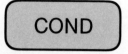

Eine in LISP-Programmen sehr häufig anzutreffende Funktion ist (COND ...), die der (IF ...)-Funktion ähnlich scheint.

Die allgemeine Form :

```
(COND (<Folge von Bedingungen und Resultate>))
```

In einer COND-Funktion wird die Folge der enhaltenen Bedingungen der Reihe nach soweit überprüft, bis eine Bedingung das Ergebnis "wahr" (TRUE) liefert. Dieses Resultat der Bedingung wird zurückgegeben und die COND-Funktion beendet.

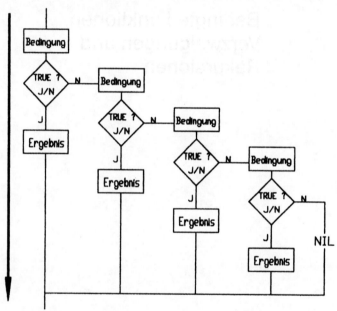

Beispiel :

```
(SETQ G 3)
;           die Variable G erhält den Wert 3,
;           mit (= G ...) wird der Wert von G
;           festgestellt.
(COND
    ((= G 1) 'lesen)
    ((= G 2) 'schreiben)
    ((= G 3) 'ändern)
    ((= G 4) 'drucken)
)
ergibt :    ändern
```

4.1 (COND ...) condition, bedingte Funktion

Findet die Funktion keine Bedingung, die wahr ist, so wird NIL zurückgegeben. Soll NIL als Ergebnis verhindert werden, so wird als letzte Bedingung eine unbedingt wahre Verknüpfung eingefügt.

```
(SETQ G 6)
;              die Variable G erhält den Wert 6.
;
;              Die letzte Bedingung ist immer wahr,
;              wenn keine vorhergehende Bedingung
;              zutreffend war.
(COND
      ((= G 1) 'lesen)
      ((= G 2) 'schreiben)
      ((= G 3) 'ändern)
      ((= G 4) 'drucken)
      (T 'Irrtum)
)
      ergibt :    Irrtum
```

Der Buchstabe T steht für TRUE (wahr) und ist unbedingt wahr. Diese Konstruktion wird häufig in Programme eingebunden, da mit dieser letzten Bedingung eine entsprechende Meldung oder Reaktion verknüpft werden kann.

Beispiel:

Eine Funktion soll das Vorzeichen mathematischer Werte ermitteln. Möglich sind "+", "–" oder "Null".

```
(DEFUN plusminus(wert)
      ;
      (COND
            ((> wert 0) '"+")
            ((< wert 0) '"-")
            ((= wert 0) '"Null")
      )                                ; end cond
)                                      ; end defun
```

In einem weiteren Programm könnte diese Funktion eingebaut sein.

```
(....)
(SETQ wert (GETREAL "Realzahl eingeben: "))
(SETQ vorzeichen (plusminus wert))
(PRINT "das Vorzeichen von "wert" ist "vorzeichen)
(....)
```

4.2 (IF ...) – then – else

Die (IF ...)-Funktion gestattet Programmverzweigungen ganz ähnlich dem BASIC-Befehl IF ... THEN ... ELSE. Die Begriffe than und else erübrigen sich in AutoLISP, sie werden allein durch die Lage Klammerausdrücke (Klammerpaare) innerhalb der Funktion interpretiert.

Die allgemeine Form:

```
(IF (<Bedingung>)
    (<then-Funktionen und Ausdrücke>)
    [(<else-Funktionen und Ausdrücke>)]
)
```

Ist die Bedingung erfüllt, ergibt sie also nicht NIL, so werden die then-Funktionen und Ausdrücke ausgeführt. Ist die Bedingung NIL, so werden die then-Funktionen und Ausdrücke übersprungen und, wenn vorhanden, die else-Funktionen und Ausdrücke ausgeführt. Die else-Zeile muß nicht vorhanden sein.

Beispiel:

```
(IF (= a 3)                              ;if
    (PRINC "a hat den Wert 3")           ;then
    (PRINC "a ist nicht 3")              ;else
)                                        ;ende
```

Auch ineinander verschachtelte IF-Verzweigungen sind möglich.

Beispiel:

```
(IF (/= a 3)                             ;if
    (IF (< a 3)                          ;then if
        (PRINC "a ist kleiner als 3")    ;then
        (PRINC "a ist groeßer als 3")    ;else
    )                                    ;ende
    (PRINC "a hat den Wert 3")           ;else
)                                        ;ende
```

Ist a verschieden von 3, so wird überprüft, ob a größer oder kleiner 3 ist. Ist a nicht verschieden von 3, so hat a den Wert 3.

4.3 (PROGN ...) Mehrere Funktionen auswerten

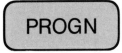

(PROGN ...) faßt mehrere Ausdrücke zusammen und wertet sie der Reihe nach aus.

Die allgemeine Form

```
(PROGN (<Funktionen und Ausdrücke>))
```

Dies ist insbesondere dann vorteilhaft, wenn andere Funktionen nur einen einzigen Ausdruck akzeptieren.

Beispiel:

```
(IF (= a 3)                             ;if
    (PROGN                              ;then
        (PRINC "a hat den Wert 3")
        (SETQ a (+ a 1))
        (SETQ b (- a 1))
    )
    (PRINC "a ist nicht 3")             ;else
)                                       ;ende
```

In obigem Beispiel summiert (PROGN ...) die Funktionen PRINC, SETQ a und SETQ b zu einer THEN – Funktion innerhalb der IF – Funktion.

4.4 (WHILE ...) Tu während ...

Programmrekursionen sind ein wichtiger Bestandteil aller Programmiersprachen. Die globale Funktion ist dabei immer wieder dieselbe: "tue etwas solange bis ...".

Die allgemeine Form

```
(WHILE (<Bedingung>)
       (<Funktionen, Ausdrücke>)
)
```

Es muß eine Bedingung gestellt werden, die zu Beginn der WHILE-Ausführung überprüft wird. Ist sie wahr (also nicht NIL), so werden die folgenden Funktionen und Ausdrücke ausgewertet und es erfolgt ein neuer Sprung zu der Bedingung. Ist die Bedingung NIL, so werden die folgenden Funktionen und Ausdrücke bis an das WHILE-Funktionsende übersprungen.

Beispiel:

Eine Zählschleife kann folgendermaßen aufgebaut sein.

```
(SETQ zmax (GETINT "Zaehlgrenze eingeben : "))
(SETQ z 0)
                    ;Schleifenbeginn und Bedingung
(WHILE (<= z zmax)
       (PRINC Z)
       (TERPRI)
       (+ z 1)
)
                    ;Schleifenende
```

Solange z kleiner oder gleich zmax ist werden die folgenden Funktionen ausgeführt. Wird z größer zmax, dann überspringt das Programm die Funktionen bis an das Schleifenende.

Eine andere, häufig anzutreffende Bedingungskonstruktion:

```
                ;Vorbedingung
(SETQ z 0)
(SETQ zmax (GETINT "Zaehlgrenze eingeben : "))
(SETQ a "w")
                ;Schleifenbeginn und Bedingung
(WHILE a
      (PRINC z)
      (TERPRI)
      (+ z 1)
                ;Kontrolle
      (IF (= z zmax) (SETQ a NIL))
)
                ;Schleifenende
```

Solange a nicht NIL ist, wird die Rekursion ausgeführt, wobei es gleichgültig ist, welchen Wert a beinhaltet. Eine Kontrollzeile (IF ...) überprüft die Gültigkeit der Bedingung und setzt gegebenenfalls a auf NIL, womit die Rekursion beendet wird.

4.5 (REPEAT ...) Wiederhole ...

Mit der Funktion (REPEAT ...) werden Funktionen und Ausdrücke sooft wiederholt, wie es direkt mit dem Funktionsnamen angegeben ist.

Die allgemeine Form:

```
(REPEAT <Ganzzahl>
        (Funktionen und Ausdrücke)
)
```

Beispiel:

```
(REPEAT 5
        ((SETQ a (+ a 1))
         (PRINC a)
        )
)
```

Fünfmal wird die Variable a um eins erhöht und ihr Wert angezeigt.

4.6 Übung zu Kapitel 4

AUFGABE :   "BOX4.LSP"

Erstellen Sie ein Programm zum Erzeugen eines Vierecks. Nach der Eingabe des ersten Eckpunktes soll als Vorgabe der rechte obere Viereckspunkt über eine dynamische Box gesetzt werden.

Wird eine Leerantwort gegeben, so soll die Länge und Breite wie bisher eingegeben werden.

Bei der Eingabe des Drehwinkels soll die Systemvorgabe <0> sein.

Lösung im Anhang A1

4.7 PROGRAMM 4 – ...

```
;       WURF zeichnet Bahn des schiefen Wurfs
;
(DEFUN C:WURF()
; Benutzereingaben
        (SETQ v (GETREAL "\nAbwurfgeschwindigkeit in km/h :"))
        (SETQ wirad (GETANGLE "\nAbwurfwinkel in Grad :"))
        (SETQ np (GETINT "\nAnzahl Darstellungspunkte :"))
; Einheiten umrechnen
        (SETQ v (/ v 3.6)) ; Abwurfgeschwindigkeit in m/s
; Wurfdauer-Berechnung in Sekunden: t=[2*v*sin(wirad)]:9.81
        (SETQ tges (/ (* 2 v (SIN wirad)) 9.81))
; Wurfweite-Berechnung in Meter:
; xmax=[2*v*v*sin(wirad)*cos(wirad)]:9.81
        (SETQ xmax (/ (* 2 v v (SIN wirad) (COS wirad)) 9.81))
; Wurfhoehe-Berechnung in Meter
;       ymax=[v*v*sin(wirad)*sin(wirad)]:2*9.81
  (SETQ ymax (/ (* v v (SIN wirad) (SIN wirad)) (* 2 9.81)))
; Punkte-Berechnung
; X-Weg zwischen 2 Punkten
        (SETQ deltax (/ xmax (- np 1)))
; Zeit zwischen 2 Punkten
        (SETQ deltat (/ deltax (* v (COS wirad))))
        (SETQ t 0.0)
;Schleifenbeginn
        (WHILE (<= t tges)
  ; X-Wert
        (SETQ x (* v (COS wirad) t))
  ; Y-Wert
        (SETQ y (- (* v (SIN wirad) t) (/ (* 9.81 t t) 2)))
  ; Zeichnen des Punktes
        (COMMAND "punkt" (LIST x y))
        (SETQ t (+ t deltat))
;Schleifenende
        )
; Skala und Zoom
        (COMMAND "zoom" "g")
        (COMMAND "skala" deltax)
```

```
; Informationsausgabe
        (PROMPT "\nWurfdauer in Sekunden : ")
        (PRINC tges)
        (PROMPT "\nWurfweite in Meter :")
        (PRINC xmax)
        (PROMPT "\nWurfhoehe in Meter : ")
        (PRINC ymax)
        (PROMPT "\nSkala-Aufloesung in Sekunden : ")
        (PRINC deltat)
        (PROMPT "\nSkala-Aufloesung in Meter : ")
        (PRINC deltax)
)
;
```

Abwurfgeschwindigkeit=250km/h
Abwurfwinkel=60△
Darstellungspunkte = 75
Wurfdauer   = 12,26sec
Wurfweite   = 425,73m
Wurfhoehe   = 184,35m

```
;Berechnung der Fakultät einer Zahl (rekursive Berechnung)
;die Eingabe einer Ganzzahl erfolgt durch GETINT
;mit WHILE wird eine Schleife programmiert.
;
(DEFUN C:FAK()
        (SETQ x (GETINT "\nFakultaetsargument :"))
        (SETQ e x xs x)
;
        (DEFUN f()
                (WHILE (> x 1)
                        (SETQ x (1- x))
                        (SETQ e (* e x))
                        (f)
                )
        )
;
        (f)
;
        (prompt "\nFakultaet von ")
        (prin1 xs)
        (prompt "  :   ")
        (prin1 e)
        (princ)
)
```

KAPITEL 5

Systemvariable,
Objektfang,
Klein/Großschreibung

5.1 (GETVAR ...)
Systemvariable lesen

Mit der Funktion GETVAR werden die Inhalte der AutoCAD-Systemvariablen gelesen und gegebenenfalls einer anderen Variablen (mit SETQ) zugewiesen.

Die allgemeine Form :

```
(GETVAR <Name der Systemvariablen in " ">)
```

Eine Auswahl wichtiger Systemvariable sind:

APERTURE	Höhe des Objektfangfensters
BLIPMODE	Konstruktionspunkte (1=ein, 0=aus)
CDATE*	Kalender Datum/Zeit
CMDECHO	Befehlsecho während der Auswertung von LISP-Programmen (1= ein, 0=aus)
CLAYER*	aktueller Layer
DRAGMODE	Zugmodus (2=auto, 1=auf Eingabe ZUG, 0=aus)
DWGNAME*	Zeichnungsname
DWGPREFIX*	Laufwerk und Verzeichnis für Zeichnung
ELEVATION	3D-Erhebung
EXTMAX*	obere rechte Zeichnungsgrenze
EXTMIN*	untere linke Zeichnungsgrenze
LIMMAX	obere rechte Zeichnungslimite
LIMMIN	untere linke Zeichnungslimite
MIRRTEXT	für SPIEGELN (0=Texte bleiben lesbar)
OSMODE	Bit-Code für Objektfangmodus (siehe Kap. 5.3)
PDMODE	Modus der Punktanzeige
PDSIZE	Größe der Punktanzeige
PICKBOX	Höhe des Objektwahlfensters
SCREENSIZE*	Größe des Grafikbildschirms (X, Y)
SKPOLY	Befehl SKIZZE zeichnet Linien (=0) oder Polylinien (=1)
TEXTSIZE	Vorgabe der Texthöhe
THICKNESS	3D-Objekthöhe
VIEWCTR*	Mittelpunkt des aktuellen Bildschirmsfensters
VIEWSIZE*	Höhe des aktuellen Bildschirmfensters

Die vollständige Variablenliste befindet sich im AutoCAD-Handbuch.

Die mit * bezeichneten Variablen lassen sich nicht verändern, alle anderen können mit dem nachfolgenden Befehl SETVAR verändert werden.

Beispiele :

Die Variable "zname" soll den aktuellen Zeichnungsnamen zugewiesen bekommen:

```
(SETQ zname (GETVAR "DWGNAME"))
```

Eine neue ZOOM-Funktion:

```
(DEFUN C:ZA ()
(SETQ p1 (GETVAR "EXTMAX"))
(SETQ p2 (GETVAR "EXTMIN"))
(COMMAND "ZOOM" "F" p1 p2)
)
```

Dieses kleine Programm ersetzt den AutoCAD-Befehl ZOOM - Grenzen, indem es die Werte der Zeichnungsgrenzen mit dem Befehl ZOOM Fenster kombiniert. Der Vorteil dieses Programmes liegt darin, daß das Regenerieren der Zeichnung, das bei ZOOM G immer durchgeführt wird, bei ZOOM F meist unterbleibt und somit ein erheblicher Zeitvorteil festzustellen ist.

5.2 (SETVAR ...)
Systemvariable schreiben

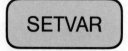

Systemvariable, welche geändert werden können (siehe 5.1, Namen ohne *), bekommen mit der Funktion SETVAR einen Wert zugewiesen.

Die allgemeine Form :

    (SETVAR <Name der Systemvariablen in " "> <Wert>)

Beispiel :

Die Zeichnungslimiten sollen auf die Koordinaten 0,0 und 300,200 gelegt werden:

```
(SETQ p1 (LIST 300 200))
(SETQ p2 (LIST 0 0))
(SETVAR "LIMMAX" p1)
(SETVAR "LIMMIN" p2)
```

Beispiel:

```
In einem Lispprogramm sollen Elemente auf den LAYER
"TEST" gezeichnet werden. Nach Abschluß des
Programms soll der vorher aktuelle Layer wieder
eingeschaltet sein.
(SETQ aktlay (GETVAR "CLAYER"))
;                   aktuellen Layer einlesen
(COMMAND "LAYER" "S" "TEST" "")
;                   Layer umschalten auf "TEST"
(COMMAND .... ) ;   Elemente zeichnen )
(....)
(....)
;
(COMMAND "LAYER" "S" aktlay "")
;                   aktuellen Layer zurückholen
```

5.3 (SETVAR "OSMODE" ...) Systemvariable für Objektfang

Die Systemvariable "OSMODE", die den Objektfangmodus steuert, nimmt in der Darstellungsweise ihrer Werte eine Sonderstellung ein, da die Art des Objektfangmodus im Bit-Code (dezimal) geschrieben wird.

Es bedeuten:

0		keiner
1	END	Endpunkt
2	MIT	Mitte der Linie, des Bogens
4	ZEN	Zentrum des Bogens, Kreises
8	PUN	Punkt
16	QUA	Quadrant des Kreises
32	SCH	Schnittpunkt allgemein
64	BAS	Basis-, Einfügepunkt
128	LOT	Lotrecht
256	TAN	Tangentenpunkt
512	NÄC*	naechster
1024	QUI	Quickmodus

Beispiel :

```
(SETVAR "OSMODE" 1)     ; Endpunkt
(SETVAR "OSMODE" 32)    ; Schnittpunkt
(SETVAR "OSMODE" 256)   ; Tangentenpunkt
```

* bis AutoCAD Version 10 muß anstelle NÄC der Ausdruck NAE geschrieben werden.

5.4 (STRCASE ..) Kleinbuchstaben und Großbuchstaben wandeln

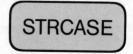

AutoLISP kennt nur wenige String-Funktionen. Eine davon ist die Funktion STRCASE, die Klein- in Großbuchstaben oder Groß- in Kleinbuchstaben umwandelt.

Die allgemeine Form :

```
(STRCASE <Zeichenkette oder Variable> <Modus>)
```

Wird der <Modus> weggelassen, so werden Klein- in Großbuchstaben umgewandelt. Enhält der <Modus> irgendeinen Wert, so werden Groß- in Kleinbuchstaben umgewandelt.

Beispiele :

```
(STRCASE "Linie")       ergibt  "LINIE"
(STRCASE "j")           ergibt  "J"

(SETQ a "n")
(STRCASE a)             ergibt  "N"

(STRCASE "Linie" 0)     ergibt  "linie"
(STRCASE "n" 1)         ergibt  "n"
```

Beispiel :

Ab und zu baut man in Programme Abfragen ein, deren Antworten überprüft werden müssen, da Programmverzweigungen davon abhängig sind. Lästig ist bei solchen Abfragen immer wieder die Kontrolle, ob die Antwort in Groß- oder Kleinbuchstaben eingegeben wurde. Das folgende Beispiel wandelt das eingegebene Zeichen in Großschreibung um.

```
(...
(SETQ antwort (GETSTRING "bitte eingeben <J/N> :"))
(SETQ antwort (STRCASE antwort))
(IF (= antwort "J") ( ... ))
```

5.5 Übung zu Kapitel 5

AUFGABE : "BOX5.LSP"

Ergänzen Sie das Lehrbeispiel aus Kapitel 4 mit der Sicherung der Werte der Systemvariablen für Layer und Zeichnungslimiten. Nach der Befehlsausführung sollen diese aktuellen Werte wieder rückgesetzt werden.

Setzen Sie den Befehl Limiten so, daß das Viereck nur im Bereich von (50,50) und (200,200) gezeichnet werden kann. Zeichnen der Kontur im Layer 0.

Systemvariablen: CLAYER, LIMMIN, LIMMAX.

Lösung im Anhang A1

5.6 PROGRAMM 5 – ...

```
;SAFESET ermöglicht die Definition eines Laufwerkes und
;eines Verzeichnisses, in dem SAFE die aktuelle Zeichnung
;automatisch sichert
;
(defun C:SAFESET()
   (SETVAR "CMDECHO" 0)
   (SETQ lwpf (GETSTRING "Laufwerk und Pfad :"))
   (SETQ znam (GETSTRING "Zeichnungsname:"))
   (SETVAR "CMDECHO" 1)
)
;
;
(DEFUN C:SAFE()
   (SETVAR "CMDECHO" 0)
   (PROMPT "\n Zeichnung wird gesichert:")
;
;
;Die Funktion STRCAT fügt mehrere "Strings" zu einem
;"String" zusammen
;
   (COMMAND "SICHERN" (STRCAT lwpf znam))
   (SETVAR "CMDECHO" 1) ) ;
```

```
;DELSCREEN löscht alle Elemente, die auf dem Bildschirm
;sichtbar sind, entweder mit der Option Fenster oder mit
;der Option Kreuzen
;
(DEFUN C:DELSCREEN()
   (SETQ scrcen (GETVAR "viewctr"))
   (SETQ scrsiz (GETVAR "viewsize"))
   (SETQ scrfact (GETVAR "screensize"))
   (SETQ b (CAR scrfact) h (CADR scrfact))
   (SETQ scrwid (/ (* scrsiz b) h))
   (SETQ scrwid (- scrwid 1.0) scrsiz (- scrsiz 1.0))
   (SETQ scrp1 (LIST (- (CAR scrcen) (/ scrwid 2)) (- (CADR
         scrcen) (/ scrsiz 2))))
   (SETQ scrp2 (LIST (+ (CAR scrcen) (/ scrwid 2)) (+ (CADR
         scrcen) (/ scrsiz 2))))
   (SETQ delkrit (GETSTRING "\nKreuzen/Fenster <K/F> :"))
   (SETQ delkrit (STRCASE delkrit))
   (COND ((= delkrit "K")
          (COMMAND "Löschen" "k" scrp1 scrp2 ""))
         ((= delkrit "F")
          (COMMAND "Löschen" "f" scrp1 scrp2 ""))
   )
   (PRINC)
)
```

Die abschließende (PRINC)-Funktion unterdrückt die Anzeige "NIL" auf dem Bildschirm, die von der COMMAND-Funktion immer zurückgegeben wird.

KAPITEL 6

ENTITIES, die gezeichneten Elemente

6.1 Was sind Entities, die Entity-Liste

Ein Entity ist ein Element der CAD-Zeichnung und zwar die kleinste Einheit eines Elementes die gezeichnet werden kann. Die wichtigsten Entities sind somit Linie, Bogen, Kreis und Text.

Ein Entity ist außerdem der Datensatz, mit dem das gezeichnete Element in der CAD-Zeichnungsdatei enthalten ist. Alle Informationen, die für das Zeichnen des Elementes wichtig sind, sind in diesem Datensatz in Form einer "Liste" abgelegt.

Bereits im Kapitel 1, Abschnitt 1.7 wurde als Beispiel einer LISP-Liste eine Entity-Liste vorgestellt:

```
((-1 . <Entity Name: 600000A0>) (0 . "ARC")
(5 . "A10") (6 . "GESTRICHELT") (8 . "0")
(10 100.0 90.0 15.0)
(40 . 30.0) (50. 1.570796) (51 . 0.0)
(62 . 3))
```

oder in übersichtlicher Schreibweise:

```
(
(-1 . <Entity Name: 600000A0>)    ;Header (Name)
(0 . "ARC")                       ;Entity-Art
(5 . "A10")                       ;Referenz
(6 . "GESTRICHELT"                ;Linientyp
(8 . "0")                         ;Layer
(10 100.0 90.0 15.0)              ;X, Y, Z Koord.
(40 . 30.0)                       ;Radius
(50. 1.570796)                    ;Startwinkel
(51 . 0.0)                        ;Endwinkel
(62 . 3)                          ;Farbe
)
```

Einige auffallende Besonderheiten sollen anhand dieser Entityliste beschrieben werden. Zunächst ist zu sehen, daß die Gesamtliste aus Unterlisten besteht und die naheliegende Vermutung, daß die jeweils erste Zahl einer Unterliste eine Codezahl zur Definition der nachfolgenden Werte ist, ist richtig. Die Bedeutung der Codezahlen ist in obiger Darstellung erklärt (z.B. Code 8 = Layername), es befindet sich im Anhang jedoch eine Übersichtstafel, in der die wichtigsten und häufigsten Codes zusammengestellt sind.

Dotted Pairs

Eine bisher nicht beschriebene Eigenart von AutoLISP ist der in einigen Unterlisten zu sehende Punkt, der die Codezahl vom folgenden Wert trennt. Diese Schreibweise ist für unsere Betrachtungen fast nebensächlich und soll nur der Vollständigkeit halber kurz erläutert werden.

"Dotted Pairs" sind nach unserer bisherigen Definition keine "Listen" sondern eigenständige Datentypen der Programmiersprache LISP. Auch die Tatsache, daß gerade die "Dotted Pairs" die historische Grundlage sowohl von LISP als auch des Datentypes "Liste" sind, soll hier nicht weiter beachtet werden. Will man in diese Tiefen der Programmiersprache LISP vorstoßen, so kann auf weiterführende Literatur nicht verzichtet werden.

"Dotted Pairs" entstehen dann, wenn z.B. durch die Funktion CONS *ein Atom als zweites Argument* mit einer Liste oder einem Atom verknüpft wird (CONS siehe 3.9). Ein Unterschied besteht in der Ausführung der Funktion CDR, die bei "Dotted Pairs" nicht den Listenrest als Liste, stattdessen das zweite Element direkt extrahiert!

Beispiele:

```
"Dotted Pairs" entstehen :

(CONS 8 "A")         ergibt              (8 . "A")

(CONS 40 30984)      ergibt              (40 . 30984)

(CONS 10 (100 90))   ergibt              (10 100 90),
denn das zweite Element ist kein Atom!

(SETQ a (LIST 100 90))
(CONS a 10)          ergibt              ((100 90) . 10)
(CONS 10 a)          ergibt              (10 (100 90))

Die Funktion CDR mit "Dottet Pairs" :

(CDR (8 . "A"))      ergibt              "A" ,   ein Atom

(CDR (10 100 90))    ergibt (100 90) , den Listenrest

(CDR (100 90))       ergibt       (90) , den Listenrest

(CDR (100 . 90))     ergibt              90 ,   ein Atom
```

AutoCAD Entity-Listen arbeiten mit "Dotted Pairs", wenn eine Unterliste nur zwei Elemente enthält.

6.2 (SSGET ...) Selektieren von Entities, Auswahlsatz bilden

SSGET

Wie kommt man zu Entity-Listen?

Zwei wichtige Funktionen zur Entity-Wahl durch die Bildung von Auswahlsätzen stellt AutoLISP zur Verfügung: die Funktion SSGET und die Funktion ENTSEL (siehe 6.6).

Die Funktion SSGET startet den AutoCAD-Auswahlsatz genau in der Art, wie er in allen Änderungsbefehlen enthalten ist. Auf die der Funktion SSGET folgende Aufforderung: "Objekte wählen: " kann mit "Zeigen" oder mit allen anderen Optionen des Auswahlsatzes geantwortet werden. Die Objektwahl und damit die SSGET-Funktion wird mit "Return" abgeschlossen.

AutoLISP kann gleichzeitig bis zu 6 Auswahlsätze in Bearbeitung halten. Sie werden als eigene Datentypen in AutoLISP behandelt, deren innere Struktur für den Anwender nicht von Bedeutung ist.

Auswahlsätze können bis zu 32767 Elemente enthalten.

Die allgemeine Form :

```
(SSGET [Modus [Punkt 1] [Punkt 2]])
```
oder ab AutoCAD-Version 9.0x
```
(SSGET "X" <Filterliste>)
```

SSGET ist grundsätzlich einer Variablen zuzuweisen (SETQ), da andernfalls die im Auswahlsatz enthaltenen Entities nicht weiter bearbeitet werden können.

Steht die Funktion SSGET ohne zusätzliche Option, so wird die allgemeine Bildung eines Auswahlsatzes gestartet.

Beispiel :

```
(SETQ a (SSGET))
```

Mit der Option [Modus] kann die Objektwahl durch die Möglichkeiten des Auswahlsatzes gesteuert werden, wobei mit [Punkt 1] und [Punkt 2] auch Fensterkoordinaten eingegeben werden können.

Beispiele :

```
(SETQ b (SSGET "L"))            wählt (L)etztes
(SETQ c (SSGET "V"))            wählt (V)orherigen Satz
(SETQ d (SSGET "K" (0,0) (200,100)))
                                wählt alle Elemente, die
                                das Fenster (K)reuzen
```

Mit dem Zusatz "X" kann eine Filterliste aktiviert werden, die noch weitergehende Möglichkeiten als der Auswahlsatz bietet. Die Filterbegriffe innerhalb der Filterliste können mit sogenannten "wild cards" und mit einer AND-Funktion verknüpft werden.

Beispiele :

    (die Codezahlen der Entity-Einträge können dem
    Anhang entnommen werden)

    (SETQ a (SSGET "X" '((0 . "CIRCLE"))))

    ergibt einen Auswahlsatz, der alle Kreise der
    Zeichnung enthält.

    (SETQ b (SSGET "X" '((8 . "MITTE"))))

    ergibt einen Auswahlsatz, der alle Elemente des
    Layers "MITTE" enthält.

    (SETQ c (SSGET "X" '((62 . 1))))

    ergibt einen Auswahlsatz, der alle roten Elemente
    (Farbnummer 1=rot) enthält.

    (SETQ d (SSGET "X" '((0 . "CIRCLE") (8 . "MITTE"))))

    ergibt einen Auswahlsatz, der alle Kreise des Layers
    "MITTE" enthält.

    SETQ e (SSGET "X" '((8 . "XY*")))

Sucht alle Elemente aller Layer, deren Namen mit XY beginnen. Alle zulässigen "wild cards" können verwendet werden.

Filterlisten können beliebig zusammengestellt werden, AutoLISP akzeptiert jedoch nur Filter für die folgenden Entity-Codezahlen:

0	Entity-Art ("LINE", "ARC", usw.)
2	Blockname
6	Bezeichnung des Linientypes
7	Textstilname
8	Layername
38	Erhebung als Realzahl (mit Dezimalstellen)
39	Objekthöhe als Realzahl (mit Dezimalzahlen)
	z.B. (38 . 2.0) oder (39 . 110.0)
62	Farbnummer (0="VONBLOCK", 256="VONLAYER")
66	Flag (f. Einfuege, Polylinien, Attribute)
210	Hochzugsrichtungsvektor (Liste von 3 reellen Zahlen)

6.3 (SSLENGTH ...)
Anzahl der Elemente im Auswahlsatz

Die im Auswahlsatz enthaltenen Entities sind von AutoLISP noch nicht erreichbar. Sie müssen einzeln angesprochen und somit zuerst extrahiert werden. Um die Anzahl der im Auswahlsatz enthaltenen Elemente an eine weitere Variable übergeben zu können, existiert die Funktion SSLENGTH. Sie gibt eine Ganzzahl zurück, die der Anzahl der Entities im Auswahlsatz entspricht.

Die allgemeine Form :

    (SSLENGTH <Auswahlsatz>)

Beispiele :

    (SETQ aws (SSGET))   Auswahlsatz bilden
    (SETQ n SSLENGTH aws)   Anzahl der Elemente

Ist die Anzahl der Elemente im Auswahlsatz bekannt, so können die Elemente einzeln angesprochen werden.

6.4 (SSNAME ...) Einzelnes Element aus dem Auswahlsatz extrahieren

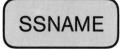

Die Funktion SSNAME gibt den Entity-Namen einer Entity-Liste zurück.

Um einen Entity-Namen aus dem Auswahlsatz aufrufen zu können, muß man zusammen mit der Funktion SSNAME sowohl den Auswahlsatz als auch die Stelle (Platzziffer), an der das Element innerhalb dieses Auswahlsatzes steht, angeben. Das erste Element eines Auswahlsatzes hat die Platzziffer "0".

Die allgemeine Form :

    (SSNAME <Auswahlsatz> <Platzziffer>)

Der, von der SSNAME-Funktion zurückgegebene, Entity-Name ist der "Header" der Entity-Liste. Er ist eine hexadezimale Zahl, die, von AutoCAD benötigt, in der Zeichnungsdatenbank gespeichert ist. Mit dem Entity-Namen kann jedes Element einer Zeichnung eindeutig identifiziert und aufgerufen werden, er stellt somit eine Art Handgriff dar, mit dem das Element angepackt werden kann. Die Entstehung und die Größe der hexadezimalen Zahl ist für den Anwender ohne Bedeutung.

Innerhalb einer Entity-Liste hat der Entity-Name die Codezahl "–1", auf die z.B. die Funktion ASSOC zugreifen kann.

Beispiele :

```
(SETQ aws (SSGET))              ;Auswahlsatz bilden
(SETQ e-name1 (SSNAME aws 0))   ;1. Elementname
(SETQ e-name2 (SSNAME aws 1))   ;2. Elementname
```

oder

```
(SETQ aws (SSGET))              ;Auswahlsatz bilden
(SETQ n SSLENGTH aws)           ;Anzahl der Elemente
(SETQ zl 0)                     ;Zähler Null setzen
(WHILE (< zl n)                 ;Schleife für zl=0 bis (n-1)
       (PRINT (SSNAME aws zl))  ;Print Entity-Name
       (SETQ zl (+ 1 zl))       ;Zähler hochzählen
)
```

Beispiel eines Entity-Namens:

    (-1 . <Entity name: 600000A0>)

6.5 Weitere SS (selection set)- Befehle

Außer den beschriebenen selection set Befehlen gibt es noch einige, die meist weniger häufig zur Anwendung kommen und deshalb nur kurz behandelt werden sollen.

6.5.1 (SSADD ...)

Die allgemeine Form :

    (SSADD [<Entity-Name> [<Auswahlsatz>]]

Drei Möglichkeiten der Anwendung bietet SSADD:

    (SSADD)

erzeugt einen leeren Auswahlsatz,

    (SSADD <Entity-Name>)

erzeugt einen Auswahlsatz, in dem nur das genannte Element enthalten ist,

    (SSADD <Entity-Name> <Auswahlsatz>)

fügt dem genannten Auswahlsatz, der bereits existieren muß, das genannte Element hinzu. Befindet sich das Element bereits im Auswahlsatz, so wird die Funktion ignoriert. Die Funktion gibt den Namen des neuen oder modifizierten Auswahlsatzes zurück.

6.5.2 (SSDEL ...), Element löschen

Die allgemeine Form :

    (SSDEL [<Entity-Name> [<Auswahlsatz>]]

SSDEL löscht das genannte Element im genannten Auswahlsatz und gibt den Namen des Auswahlsatzes zurück.

6.5.3 (SSMEMB ...), Element prüfen

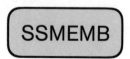

Die allgemeine Form :

    (SSMEMB [<Entity-Name> [<Auswahlsatz>]]

SSMEMB überprüft, ob sich das genannte Element im genannten Auswahlsatz befindet und gibt gegebenenfalls den <Entity-Name> zurück. Ist das Element im Auswahlsatz nicht enthalten, so wird NIL zurückgegeben.

6.6 (ENTSEL...) Selektieren eines Elementes

Soll aus einer Zeichnung nur ein einzelnes Element gepickt werden, so stellt die ENTSEL-Funktion den schnellsten Weg dafür zur Verfügung.

Die allgemeine Form :

    (ENTSEL [<Anfragetext>])

ENTSEL verlangt das "Zeigen" eines Elementes auf dem Bildschirm und gibt neben dem Entity-Namen auch die Koordinaten zurück, an denen das Element gepickt wurde. Die Aufforderung ein Element zu wählen kann durch einen <Anfragetext> erfolgen.

Beispiel:

    (SETQ wahl (ENTSEL "bitte Linie wählen :"))

Ergebnis obiger Funktion:

    (<Entity name: 600000A0> (10.5 12.0))

d.h. mit der Funktion ENTSEL wurde die Aufforderung "bitte Linie wählen :" in der Befehlsanfragezeile gebracht. Nachdem ein Element durch "Zeigen" gewählt wurde, gab die Funktion den Entity-Namen <Entity name: 600000A0> und die Koordinaten des Punktes, an dem das Element gepickt wurde zurück (10.500000 12.000000).

Will man die Punktkoordinaten nicht verwerten, so gibt CAR nur den Entity-Namen zurück.

Beispiel :

    (SETQ e-name (CAR (ENTSEL "bitte Objekt wählen :")))

Ergebnis obiger Funktion:

    (<Entity name: 600000A0>)

(NENTSELL..) Erweiterte (ENTSEL)-Funktion

Die allgemeine Form:

    (NENTSEL [<Anfragetext>])

Die Funktion (NENTSEL...) funktioniert ähnlich wie (ENTSEL..), zusätzlich gibt sie aber bei der Wahl von Blöcken, Attributen oder Polylinien: verschachtelte Blockdefinitionen, Attributwerte und Polylinienscheitel (VERTEX) zurück.

6.7 (ENTGET ...) vollständige Entity-Liste eines Elementes wiedergeben

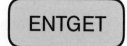

Eine der wichtigsten Funktionen zur Manipulation der Entity-Listen ist die ENTGET-Funktion, die, mit einem Entity-Namen kombiniert, die komplette Entity-Liste eines Elementes zurückgibt.

Die allgemeine Form :

```
(ENTGET <Entity-Name> [<Applikationsliste>])
```

Beispiele :

```
(SETQ e-name (CAR (ENTSEL "bitte Objekt wählen :")))
(ENTGET e-name)
```

ergibt beispielsweise :

```
(((-1 . <Entity Name: 600000A0>) (0 . "ARC")
(5 . "A10") (8 . "0") (10 100.0 90.0 15.0)
(40 . 30.0) (50 . 1.570796) (51 . 0.0))
```

oder

```
(SETQ aws SSGET)
(SETQ e-name1 (SSNAME aws 0))
(ENTGET e-name1)
```

ergibt ebenfalls eine vollständige Entity-Liste eines Elementes (des ersten eines Auswahlsatzes).

Die [<Applikationsliste>] gibt an, aus welcher ADS-Applikation die Daten in die zurückgegebene Entityliste übernommen werden sollen. ADS-Applikationen sind in C programmiert und werden in diesem Buch nicht behandelt.

STEXT.LSP ein neuer TEXT-Befehl für AutoCAD, der sowohl den Textstil als auch die Texthöhe durch "zeigen" (picken) einstellt und dann wie gewohnt arbeitet. (Quelle: CADALYST 12/88 1/89)

```
(DEFUN C:STEXT ()
    (SETQ stil (CDR (ASSOC 7 (ENTGET (CAR (ENTSEL
        "gewuenschten Textstil zeigen :"))))))
    (SETQ neu (CDR (ASSOC 40 (ENTGET (CAR (ENTSEL
        "\ngewuenschte Texthoehe zeigen :"))))))
    (SETQ pt1 (GETPOINT "\nStartpunkt :"))
    (COMMAND "DTEXT" "S" stil pt1 neu "")
)
```

6.8 (ENTMAKE ...) externe Entitylisten einfügen

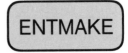

Die Funktion (ENTMAKE ...) nimmt eine externe <Entity-Liste>, die im ASCII-Code nach den Vereinbarungen über Entitylisten vorliegen muß, und hängt sie an die Auto-CAD-Entity-Datenbank an.

Die allgemeine Form:

```
(ENTMAKE (<Entityliste>))
```

Die Liste muß dieselbe Form haben, die (ENTGET ...) zurückgibt und mit dem Gruppencode 0 oder –1 beginnen. Ein vorhandener <Entity-Name> in Gruppe –1 wird ignoriert.

Beispiel:

```
(ENTMAKE ((-1 . [Entity name: 000])
         (0 . "CIRCLE")
         (8 . "0")
         (10 5.0 10.55 0.0)
         (40 . 24.0)
         (210 0.0 0.0 1.0)
    )
)
```

Fügt einen Kreis an den Koordinaten (5,10.55,0) mit Radius 24 im Layer 0 in die Zeichnungsdatenbank ein.

6.9 (ENTMOD ...), (ENTUPD ...) geänderte Entity-Liste in die Zeichnungsdatenbank zurückschreiben

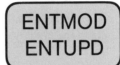

Wurden ein oder mehrere Elemente einer Zeichnung ausgewählt, deren Entity-Listen mit ENTGET aufgerufen und einzelne Eigenschaften in den Entity-Listen z.B. mit SUBST geändert, so muß diese geänderte Entity-Liste in die Zeichnungsdatenbank zurückgeschrieben werden. Diese Funktion übernimmt ENTMOD.

Die allgemeine Form :

```
(ENTMOD <Entity-Liste>)
```

Die Entity-Liste muß dabei die gleiche Form haben wie die, die von der Funktion ENTGET zurückgegeben wird. Wurde der Elementtyp einer Entity-Liste geändert, so verweigert ENTMOD die Aktualisierung der Datenbank.

Darstellung auf dem Bildschirm:

Wurde mit ENTMOD ein grundlegendes Zeichnungselement zurückgeschrieben, so wird die Zeichnung auf dem Bildschirm automatisch nachgeführt. Betraf die ENTMOD-Funktion jedoch ein sog. Unterelement, z.B. Teile (Scheitel) einer Polylinie oder Attribute eines Blockes, so erfolgt keine Modifikation der Bildschirmdarstellung. Die Funktion ENTUPD muß bei solchen Elementen separat aufgerufen werden um die Nachführung der bildlichen Darstellung zu erreichen.

Die allgemeine Form :

```
(ENTUPD <Entity-Name>)
```

6.10 Weitere ENTity-Funktionen

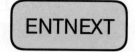

6.10.1 (ENTNEXT ...), nächstes Element

Die allgemeine Form :

    (ENTNEXT [<Entity-Name>])

Die Funktion ENTNEXT gibt den Entity-Namen des Elementes zurück, das in der Zeichnungsdatenbank dem Element mit dem angegebenen Namen folgt. Wurde kein Entity-Name angegeben, so wird das erste Element der Datenbank wiedergegeben.

ENTNEXT erlaubt auch den Aufruf von sog. Unterelementen, z.B. Teile (Scheitel) einer Polylinie, Attribute eines Blockes etc.

6.10.2 (ENTLAST ...), letztes Element

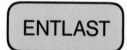

Die allgemeine Form :

    (ENTLAST)

Die Funktion ENTLAST gibt den Entity-Namen des letzten Elementes zurück, das in der Zeichnungsdatenbank niedergelegt ist.

6.10.3 (ENTDEL ...), Element löschen

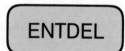

Die allgemeine Form :

    (ENTDEL <Entity-Name>)

Die Funktion ENTDEL löscht das mit <Entity-Name> bezeichnete Element sowohl auf dem Bildschirm als auch in der Datenbank.

Wurde in derselben Arbeitssitzung vorher ein Element gelöscht, so wird es durch die Funktion ENTDEL ... wieder zurückgeholt.

6.10.4 (HANDENT ...) Referenzelement

In AutoCAD können ab Version 10.0 mit dem AutoCAD-Befehl REFERENZ alle gezeichneten Elemente mit einer hexadezimalen Referenz-Nummer versehen werden. Diese Referenznummer wird in der Zeichnungsdatenbank als Entity-Eintrag in der Gruppe 5 gespeichert.

Beispiel:

    `(5 . "<Ref.>")`

Während sich Entity-Namen von CAD-Sitzung zu CAD-Sitzung ändern können, bleiben die Referenzbezeichnungen immer dieselben.

Mit der Funktion HANDENT können Elemente mit ihrer Referenzbezeichnung aufgerufen werden.

Die allgemeine Form:

    `(HANDENT "<REF.>")`

Die Funktion HANDENT ergibt den Entity-Namen des Elementes, dessen Referenznummer "<Ref.>" ist.

6.11 PROGRAMM 6 – ...

ENTITY-LISTE auswählen und in eine Datei schreiben

```
;Auswahlsatz nach Wahlsatz
;
(DEFUN auswahl ()
   (SETQ ausw (SSGET))
)
;
;Elemente in Datei schreiben
;
(DEFUN C:ENTLIST ()
   (auswahl)
;
;  Anzahl der Elemente festhalten
;
   (SETQ menge (SSLENGTH ausw))
;
;  Datei öffnen
;
   (SETQ datnam (GETSTRING "Dateiname :"))
   (SETQ datzeich (OPEN datnam "w"))
;
;  Schleife um Elemente zu schreiben
;
   (SETQ zahl 0)
   (REPEAT menge
      (SETQ enam (SSNAME ausw zahl))
      (SETQ elist (ENTGET enam))
      (PRINT elist datzeich)
      (PRINT " " datzeich)
      (SETQ zahl (+ zahl 1))
   )
;
   (CLOSE datzeich)
;
)
```

6.11 PROGRAMM 6 - ...

Beispiel eines Ergebnisses aus obigem Programm

((-1 . <Entity name: 600002E4>) (0 . "CIRCLE") (8 . "RASTER") (62 . 3) (38 . 10.000000) (10 240.000000 140.000000) (40 . 22.360680))
" "
((-1 . <Entity name: 600002D0>) (0 . "LINE") (8 . "RASTER") (62 . 1) (38 . 10.000000) (10 264.000900 178.881700) (11 204.436300 180.837800))
" "
((-1 . <Entity name: 600002BC>) (0 . "LINE") (8 . "RASTER") (38 . 10.000000) (10 285.738600 149.385500) (11 264.000900 178.881700))
" "
((-1 . <Entity name: 600002A8>) (0 . "LINE") (8 . "RASTER") (62 . 1) (38 . 10.000000) (10 272.867400 97.291040) (11 285.738600 149.385500))
" "
((-1 . <Entity name: 60000258>) (0 . "LINE") (8 . "RASTER") (6 . "GESTRICHELT") (38 . 10.000000) (10 300.000000 200.000000) (11 150.000000 200.000000))
" "

Einen Bogen in einen Kreis verwandeln

```
;Bogen auswählen
;
(DEFUN C:BOGKR ()
    (SETQ ausw (CAR (ENTSEL "bitte Bogen wählen: ")))
    (SETQ boglist (ENTGET ausw))
;
;wenn Bogen, dann mach Kreis
(IF  (= (CDR (ASSOC 0 boglist)) "ARC")      ; Bedingung
    (PROGN
            (SETQ mtp (CDR (ASSOC 10 boglist)))
            (SETQ rds (CDR (ASSOC 40 boglist)))
            (ENTDEL ausw)                    ;löscht Bogen
            (COMMAND "KREIS" mtp rds)
    )                                        ;end prog
;                                            ;ansonsten
        (print "das war kein Bogen : ")
)                                            ;end if
)                                            ;end defun
```

KAPITEL 7

Tips und Tricks zur Arbeit mit AutoLISP

7.1 AutoLISP-Programme mit Textverarbeitung schreiben

AutoLISP-Programmtexte können mit EDLIN geschrieben werden. EDLIN wird mit dem Befehl EDIT aus AutoCAD heraus aufgerufen. Auch "alte Hasen" werden jedoch zugeben müssen, daß EDLIN nicht gerade die komfortabelste Art der Textverarbeitung darstellt. Selbst das einfachste Textprogramm, oft als free-software zu erhalten, vereinfacht das Schreiben von Programmtexten ganz erheblich.

Mehrere rationelle Möglichkeiten bieten sich dem AutoLISP-Programmierer:

1. die AutoCAD-Befehlssequenz:
   SHELL, "Return", <Textprogramm>, EXIT

2. die AutoCAD-Datei ACAD.PGP, die im Anschluß beschrieben wird, und eigene Text-Befehle

3. ein eigenes LISP-Programm, das einen Texteditor möglichst komfortabel aufruft. Diese Möglichkeit bietet das Programm LOOP.LSP in Kapitel 8.

Die *AutoCAD-Datei ACAD.PGP* enthält die AutoCAD-Befehle, mit denen das Programm AutoCAD vorübergehend verlassen und nach Wunsch wieder weitergeführt werden kann.

Man kann beliebige DOS-Dienstprogramme aber auch fast alle beliebigen anderen Programme aufrufen, ohne AutoCAD beenden zu müssen. Grenzen sind nur durch den Speicherbedarf und der Arbeitstechnik (z.B. Overlay's) der Programme gesetzt. Wird ein aufgerufenes Programm beendet, befindet man sich automatisch wieder in AutoCAD.

Beispiele für einige Zeilen der Datei ACAD.PGP:

```
DEL,DEL,25000,Namen der zu loeschenden Datei ein: ,0
DIR,DIR,25000,Datei Spezifikation: ,0
EDIT,EDLIN,40000,Name der Text-Datei ein: ,0
TYPE,TYPE,25000,Dateiname: ,0
```

- das *erste Wort* ist der neue AutoCAD-Befehl,
- das *zweite Wort* ist der Programmname,
- an *dritter Stelle* steht der erforderliche Speicherplatz, den das Programm benötigt,
- an *vierter Stelle* steht der Anfragetext für den Bediener, dessen Eingabe dem Programmaufruf angehängt wird
- und an *fünfter Stelle* steht entweder eine 0, wenn nach der Ausführung in den Textbildschirm, oder eine 4, wenn in den Graphikbildschirm zurückgesprungen werden soll.

Fügt man in diese Datei eine neue Zeile für sein eigenes Textprogramm ein, so kann dieses quasi per Knopfdruck gestartet werden.

7.1 AutoLISP-Programme mit Textverarbeitung schreiben   119

Beispiel:

Ein Textprogramm soll den Namen SCHREIB haben, sich im DOS-Verzeichnis \TEXT befinden, ca 20 kB Umfang haben und mit dem AutoCAD-Befehl LISPTEXT aufgerufen werden:

```
DEL,DEL,25000,Namen der zu loeschenden Datei ein: ,0
DIR,DIR,25000,Datei Spezifikation: ,0
EDIT,EDLIN,40000,Name der Text-Datei ein: ,0
TYPE,TYPE,25000,Dateiname: ,0
LISPTEXT,\TEXT\SCHREIB,30000,Lispdateiname: ,0
```

Der Speicherbereich 30000 für ein Textprogramm mit ca. 20 kB berücksichtigt auch ca. 10 kB Programmtext.

Andere mögliche Erweiterungen der ACAD.PGP

```
CD,CD,25000,Verzeichnis :,0
DIRDWG,DIR/P *.DWG,25000,,0
DIRSLD,DIR/P *.SLD,25000,,0
DIRLSP,DIR/P *.LSP,25000,,0
FORMAT,FORMAT A:,20000,,0
WORD,WORD,400000,Dateiname: ,0
```

7.2 Kurze, übersichtliche Programme

Es ist einfacher, mehrere kurze Programme oder auch Funktionsdefinitionen zu durchschauen als lange Bandwurm-Programme. Die Fehlersuche wird erleichtert, Fehlermeldungen zeigen eingegrenzt auf die Fehlerursache. Das mehrfache Verwenden von Programmteilen (Funktionen) in verschiedenen Programmen wird möglich.

Kleine selbständige Sequenzen werden mit DEFUN ... programmiert und im Hauptprogramm, das dann ebenfalls kurz wird, aufgerufen. Ein schönes Beispiel hierfür bietet das LISP-Programm "Achsenkreuz" im Kapitel 8.6

7.3 Eigenes LISP Programm-Verzeichnis

LISP-Programme sollten in einem eigenen Verzeichnis, das dem aktuellen AutoCAD-Zeichnungsverzeichnis nachgeordnet sein sollte, stehen. Die Übersicht in der Programmvielfalt bleibt dadurch erhalten und LISP-Programme können schnell und einfach aufgerufen werden.

Eine große Erleichterung beim Laden von LISP-Dateien, stellt das LISP-Programm MLADE.LSP (siehe Kapitel 8) dar, das den Verzeichnisnamen und alle Sonderzeichen an den Dateinamen automatisch anfügt. Das jeweilige LISP-Programm wird damit nur durch die Eingabe:

```
MLADE <Dateiname>
```

geladen.

Wird diese Funktion in die Datei ACAD.LSP geschrieben, so steht sie jederzeit zur Verfügung.

7.4 Die Datei ACAD.LSP

Die Datei ACAD.LSP, deren LISP-Funktionen beim Programmstart (ACAD) automatisch geladen werden, sollte nur die wichtigsten, allgemeingültigen Funktionen enthalten. Die Funktion MLADE beispielsweise oder die Funktion PLATZ, die Speicher freimacht für neu zu ladende Programme.

Beispiel einer ACAD.LSP:

```
;*************** ACAD.LSP *****************************
;
;
; MLADE lädt LISP-Datei für Menüaufruf aus Unterverzeichnis
(defun C:MLADE()
(setq m (getstring "Datei: "))
(setq m (strcat "\\acad\\lisp\\" m))
(load m)
)
;
;Zeichnungsnamen in der Statuszeile anzeigen
(setq nam (strcase (getvar "dwgname")))
(setq nam (strcat "                         " nam ".DWG"))
(grtext -1 nam)
;
;
(DEFUN C:PLATZ()
(SETQ ATOMLIST (MEMBER 'C:PLATZ ATOMLIST))
'FERTIG
)
;
;*******************************************************
```

7.5 AutoLISP-Programme über Menue aufrufen

Anstelle der umständlichen (LOAD"....")-Eingaben oder des MLADE-Befehls ist die bequemste Lösung, LISP-Programme über Bildschirm, pull-down- oder Tablettmenue zu laden.

Es ist recht einfach im Bildschirm-Hauptmenue einen neuen "Wegweiser" namens LISP einzufügen. Hierzu ist die Datei ACAD.MND (oder ACAD.MNU) zu editieren:

```
***SCREEN
**S
[AutoCAD]^C^C$S=S $P4=P4A
[* * * *]$S=OFANGB
[AUFBAU]^C^C(load "setup") $S=EINHEITEN

[BLOECKE]{B} $S=BL
[BEM:]{B} $S=BEM ^C^CBEM
[ANZEIGE]{B} $S=AZ
[ZEICHNEN]{B} $S=ZN
[EDIT]{B} $S=ED
[FRAGE]{B} $S=FRG
[LAYER:]{B} $S=LAYER ^C^CLAYER
[MODI]{B} $S=MODI

[PLOT]{B} $S=PLOT
[DIENST]{B} $S=DT
[3D]{B} $S=3D

[LISP]{B} $S=LISPPROG

[ASHADE:]^C^C^P(cond ((null C:SCENE) +
(vmon) (prompt "Bitte warten... Ashade wird
geladen. ") +
(load "ashade")) (T (princ))) ^P{B} $s=ASHADE
[SICHERN:]^C^CSICHERN
```

Das Untermenue, das mit $S=LISPPROG aufgerufen werden soll, kann dann etwa die folgende Form haben und an nachfolgender Stelle in der Date ACAD.MND stehen.

Bildschirm- anzeige	Speicher frei- machen	Prog. laden	starten
**LISPPROG 3			
[3DARRAY]{B}	^C^CPLATZ	(LOAD"LISP/3DARRAY")	3DARRAY
[3DCIRCL]{B}	^C^CPLATZ	(LOAD"LISP/3DCIRCLE")	3DCIRCLE
[ ]{B}	^C^CPLATZ		
[ ]{B}	^C^CPLATZ		
[ ]{B}	^C^CPLATZ		

Wurde die in diesem Beispiel gezeigte Datei ACAD.MND geändert, so muß mit dem Menücompiler MC.EXE die ACAD.MND in eine neue ACAD.MNU übersetzt werden.

AutoCAD macht aus einer geänderten ACAD.MNU selbständig die vom Programm benötigte ACAD.MNX.

ACAD.MND → ACAD.MNU → ACAD.MNX

Mehr Information zur Menükreation ist im AutoCAD-Handbuch zu finden.

7.6 Lesbare Programme schreiben !

- Viele Überschriften und Kommentare in den Programmtext einfügen. Strichpunkt benützen.

- Funktionsblöcke in Programmen optisch deutlich auseinanderhalten. Leerzeilen mit Strichpunkten einfügen

- Verschachtelte Klammerebenen und Schleifendurchläufe mit TAB's sichtbar machen.

- Evtl. mit Groß- und Kleinschreibung AutoLISP-eigene Funktionswörter kennzeichnen.

- Variable mit sinnvollen Namen versehen (z.B. PT1 für Punkt 1).

7.7 Tips für "neue" Programmierer

Um klare, übersichtliche Programme zu erzeugen und um nachvollziehbare Lösungen zu bekommen, ist das überlegte herangehen an ein Problem von entscheidender Bedeutung.

Nach Möglichkeit sollten zumindest bei umfangreicheren Programmen die folgenden Schritte eingehalten werden.

1. Schritt :

Das Problem formulieren.

WAS soll gemacht werden, wie soll das Ergebnis aussehen.

2. Schritt :

Das Problem strukturieren.

In welchen Einzelschritten muß das Problem angegangen werden. Welche Funktionen können herausgelöst werden. Das Prinzip EVA (Eingabe – Verarbeitung – Ausgabe) sollte eingehalten werden.

3. Schritt :

Programmablaufplan oder Struktogramm erstellen.

Er stellt eine große Hilfe beim Programmieren dar, da er die Programmfunktionen festlegt und sich der Programmierer auf die Programmiersprache, die Syntax, konzentrieren kann.

Ein Beispiel hierfür ist die Darstellung der Funktion COND (4.1)

4. Schritt :

Kurze Unterprogramme schreiben.

Kurze Programmteile sind leichter lesbar, leichter verständlich, universeller einsetzbar und erleichtern die Fehlersuche.

5. Schritt :

Hauptprogramm zusammenstellen.

6. Schritt :

Programm testen und ggf. optimieren.

7. Schritt :

Programm dokumentieren.

7.8 Übung zu Kapitel 7

AUFGABE : "BOX7.LSP"

Versuchen Sie das Programm zum Zeichen von Vierecken nach den in Kapitel 7 beschriebenen Arbeitsschritten zu optimieren.

Verwenden Sie dazu die Unterprogrammtechnik (s. Kapitel 7.2)

Lösung im Anhang A1

7.9 Fehler, Fehlersuche und Fehlerbehebung

Am AutoLISP-Interpreter muß an dieser Stelle Kritik geübt werden, denn die Fehlerbehandlung ist etwas dürftig.

Soweit es sich nicht um die im Folgenden beschriebenen Fehler oder um einen Fehler mit Fehlermeldung handelt, bleibt dem Programmierer keine andere Wahl, als sich möglichst systematisch auf die Fehlersuche zu machen.

Der wichtigste Grundsatz : kurze, übersichtliche, gut strukturierte Programme zu schreiben, wurde an dieser Stelle meist doch mißachtet und damit bleibt nur die mühselige Fehlersuche.

Hilfreich ist dabei der Direktmodus in AutoCAD, in dem es möglich ist, den Wert der Variablen schnell abzufragen.

Häufig ist es im Testbetrieb auch sinnvoll viele PRINT-Funktionen einzubauen und alles mögliche zur Anzeige zu bringen.

Mit der Ausgabe des ASCII-Codes 7 (für den Piepser) hat man auch die Möglichkeit an bestimmten Programmstellen Kontrollpiepser einzubauen (siehe 2.14.2).

Klammern und Anführungszeichen

Die häufigsten Fehlerquellen in LISP-Programmen sind vergessene Klammern und Anführungszeichen. Ein einfaches BASIC- oder PASCAL-Programm kann die Anzahl der "Klammer auf" mit der Anzahl der "Klammer zu" vergleichen und die Anführungszeichen auf eine gerade Anzahl hin überprüfen.

AutoCAD zeigt bei vergessenen Klammern nach dem Ladevorgang der LISP-Datei eine Zahl an, die der Anzahl der vergessenen "Klammern zu" entsprechen soll. Es ist möglich diese "Klammern zu" von Hand einzugeben -->))) und damit den "Aufhänger zu beseitigen.

Leider funktioniert das nicht immer, denn es werden auch vergessene Anführungszeichen mitgezählt und gibt man versehentlich das verkehrte Zeichen von Hand ein, so ist es mehr Glücksache, aus diesem Fehler wieder heil herauszukommen.

Systemvariable

Wurde der LISPHEAP zu klein gewählt, dann brechen die Fehlermeldungen "insufficient node space" oder "insufficient string space" die Programmfunktion ab. Die Variable muß auf einen höheren Wert gesetzt und AutoCAD muß neu gestartet werden.

NIL

Die COMMAND-Funktion gibt immer NIL als Ergebnis zurück. Es ist also kein Programmfehler, wenn "NIL" am Bildschirm angezeigt wird. Eine einfache PRINC-Funktion ohne Argumente im Anschluß an COMMAND, verhindert die NIL-Anzeige.

KAPITEL 8

Weitere nützliche Programme

8.1 LISP-Datei laden
Comukos GmbH, Th. Heilig, Göppingen

```
; MLADE lädt LISP-Datei für Menüaufruf aus
; dem Unterverzeichnis \cad\zeichnen\lisp.
; Für andere Unterverzeichnisse entsprechend ändern.
;
(DEFUN C:MLADE()
   (SETQ m (GETSTRING))
   (SETQ m (STRCAT "\\cad\\zeichnen\\lisp\\" m))
   (LOAD m)
)
```

8.2 LISP-Datei komfortabel laden
Comukos GmbH, Th. Heilig, Göppingen

```
; Verzeichnispfade können mit STRCAT eingebaut werden
;
(defun C:LADE ()
        (setvar"cmdecho" 0)
        (if (or (= "" lispfile) (null lispfile))
                (setq lispfile (getstring "\nLISP-Datei :"))
                (progn
                        (princ"\nLISP-Datei <")
                        (princ lispfile)
                        (princ "> :")
                        (setq d (getstring))
                        (if (/= "" d) (setq lispfile d))
                )
        )
        (load lispfile)
        (princ)
)
```

8.3 LOOP lädt Textprogramm für LISP-Dateien
Comukos GmbH, Th. Heilig, Göppingen

```
;
; anstelle TEXTPROG muß der Programmname des Textprogrammes
; eingegeben werden; auch Verzeichnispfade können natürlich
; vorangestellt werden
;
(defun C:LOOP ()
        (setvar"cmdecho" 0)
        (if (or (= "" lispfile) (null lispfile))
                (setq lispfile (getstring "\nLISP-Datei :"))
                (progn
                        (princ"\nLISP-Datei <")
                        (princ lispfile)
                        (princ "> :")
                        (setq d (getstring))
                        (if (/= "" d) (setq lispfile d))
                )
        )
        (setq d1 (strcat lispfile ".lsp")
              d1 (strcat "TEXTPROG " d1)
        )
        (command "shell" d1)
        (load lispfile)
        (princ)
)
```

8.4 MACHT PLATZ
AutoLISP user-Referenz

```
; PLATZ löscht alle Lisp Variablen/Funktionen, die nach dieser Funktion
; geladen wurden, aus der Atomlist. Die Atomlist ist eine AutoLISP-interne
; Liste aller Variablen und Funktionen.
; Die Funktion MEMBER gibt den Teil der Atomlist zurück, der nach C:PLATZ
; steht.
;
(DEFUN C:PLATZ ()
   (SETQ ATOMLIST (MEMBER 'C:PLATZ ATOMLIST))
   'FERTIG
)
```

8.5   MITLIN
Staufen Akademie, Göppingen, B. Geibel

```
;zeichnet Mittellinien um 3 Einheiten über die eingegebenen
;Punkte hinaus, z.B. Technische Zeichnungen
;
(DEFUN C:MITLIN()
   (SETQ ealt (GETVAR "menuecho"))
   (SETQ calt (GETVAR "cmdecho"))
   (SETVAR "menuecho" 1)
   (SETVAR "cmdecho" 0)
   (SETQ h1 (GETPOINT "\n1. Punkt eingeben :"))
   (SETQ h2 (GETPOINT h1 "\n2. Punkt eingeben :"))
   (SETQ l (DISTANCE h1 h2))
   (SETQ wi (ANGLE h1 h2))
   (COMMAND "Linie" (POLAR h1 (+ pi wi) 3) (POLAR h2 wi 3) "")
   (SETVAR "menuecho" ealt)
   (SETVAR "cmdecho" calt)
   (PRINC)
)
(PRINC)
```

8.6   ACHSENKREUZ
Staufen Akademie, Göppingen, B. Geibel

```
;zeichnet Achsenkreuze nach Wahl oder zu
;bestehenden Kreisen
;
(DEFUN C:AKREUZ()
   (SETQ lalt (GETVAR "clayer"))
   (SETQ ealt (GETVAR "menuecho"))
   (SETQ calt (GETVAR "cmdecho"))
   (SETVAR "menuecho" 1)
   (SETVAR "cmdecho" 0)
      (DEFUN md ()
         (MENUCMD "S=OFANGB")
         (SETQ m (GETPOINT "\nMittelpunkt:"))
         (MENUCMD "S=OFANGB")
         (SETQ d (GETDIST m "\nDurchmesser"))
         (MENUCMD "S=S")
      )
      (DEFUN dr ()
         (SETQ wi (GETANGLE m "\nDrehwinkel Achsenkr <0>"))
         (IF (= wi nil) (SETQ wi 0))
         (SETQ p1 (POLAR m wi (+ (/ d 2) 3)))
         (SETQ p2 (POLAR p1 (+ pi wi) (+ d 6)))
         (SETQ p3 (POLAR m (+ wi (/ pi 2)) (+ (/ d 2) 3)))
         (SETQ p4 (POLAR p3 (+ wi (- (/ pi 2))) (+ d 6)))
      )
      (DEFUN ze ()
         (COMMAND "Linie" p1 p2 "")
         (COMMAND "Linie" p3 p4 "")
      )
```

8.6 ACHSENKREUZ

```
      (DEFUN en ()
         (SETQ a (ENTGET (CAR k)))
         (SETQ m (CDR (ASSOC 10 a)))
         (SETQ r (CDR (ASSOC 40 a)))
         (SETQ d (* 2 r))
      )
   (SETQ k (ENTSEL "\nKreis waehlen o. Return fuer Punkteingabe"))
   (COMMAND "layer" "m" "mitte" "")
   (IF (= k nil) (md) (en))
   (dr)
   (ze)
   (COMMAND "layer" "s" lalt "")
   (SETVAR "menuecho" ealt)
   (SETVAR "cmdecho" calt)
   (PRINC)
)
(PRINC)
```

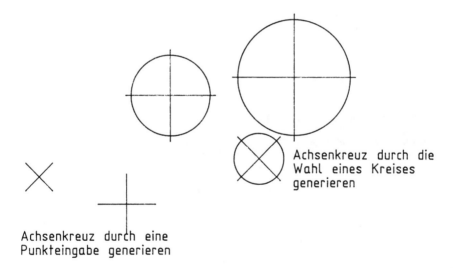

Achsenkreuz durch die Wahl eines Kreises generieren

Achsenkreuz durch eine Punkteingabe generieren

8.7 BRUCHLINIEN
Staufen Akademie, Göppingen, B. Geibel

```
;zeichnet "Freihand-Bruchlinien" mit Polylinien und
;Kurvenlinie angleichen. Der speicheraufwendige Befehl
;Skizze wird damit umgangen.
;
(DEFUN C:BRUCHLIN()
   (SETQ lalt (GETVAR "clayer"))
   (SETQ ealt (GETVAR "menuecho"))
   (SETQ calt (GETVAR "cmdecho"))
   (SETQ osalt (GETVAR "osmode"))
;
   (SETVAR "menuecho" 1)
   (SETVAR "cmdecho" 0)
   (SETVAR "osmode" 512)
;
   (SETQ h1 (GETPOINT "\nStart Bruchlinie :"))
   (SETVAR "osmode" 0)
   (SETQ hs nil slist nil)
   (SETQ hs (GETPOINT "\nStuetzpunkt :"))
   (WHILE (/= hs nil)
      (SETQ slist (CONS hs slist))
      (SETQ hs (GETPOINT "\nStuetzpunkt :"))
   )
   (SETVAR "osmode" 512)
   (SETQ h2 (GETPOINT "\nEnde Bruchlinie :"))
   (SETVAR "osmode" 0)
;
   (SETQ slist (reverse slist))
   (SETQ ni (length slist))
   (SETQ n 1)
   (SETQ pllist (SSADD))
   (SETQ wi (ANGLE h1 (nth 1 slist)))
   (SETQ wi (/ (* wi 180) pi))
   (COMMAND "layer" "m" "duenn" "")
   (COMMAND "plinie" h1 "k" "ri" wi (nth 0 slist) "")
   (SSADD (ENTLAST) pllist)
   (WHILE (> ni 1)
      (COMMAND "plinie" "@" "k" (nth n slist) "")
      (SSADD (ENTLAST) pllist)
      (SETQ ni (- ni 1) n (+ n 1))
   )
   (COMMAND "plinie" "@" "k" h2 "")
   (COMMAND "pedit" "l" "v" pllist "" "")
;
   (MENUCMD "S=S")
   (COMMAND "layer" "s" lalt "")
   (SETVAR "menuecho" ealt)
   (SETVAR "cmdecho" calt)
   (SETVAR "osmode" osalt)
   (PRINC)
)
(PRINC)
```

8.8 BILDSCHIRM LÖSCHEN
Staufen Akademie, Göppingen, B. Geibel

```
;löscht alle Elemente, die sich auf dem Bildschirm befinden,
;wahlweise entsprechend den Optionen "F"enster (nur ganze
;Elemente) oder "K"reuzen (alle, auch überstehende Elemente)
;
(DEFUN C:DELSCREEN()
   (SETQ srcen (GETVAR "viewctr"))
   (SETQ scrsiz (GETVAR "viewsize"))
   (SETQ scrfact (GETVAR "screensize"))
   (SETQ b (CAR scrfact) h (CADR scrfact))
   (SETQ scrwid (/ (* scrsiz b) h))
   (SETQ scrwid (- scrwid 1.0) scrsiz (- scrsiz 1.0))
   (SETQ scrp1 (LIST (- (CAR srcen) (/ scrwid 2)) (- (CADR srcen) (/ scrsiz 2))))
   (SETQ scrp2 (LIST (+ (CAR srcen) (/ scrwid 2)) (+ (CADR srcen) (/ scrsiz 2))))
   (SETQ delkrit (GETSTRING "\nKreuzen/Fenster <K/F> :"))
   (COND ((= delkrit "K") (COMMAND "loeschen" "k" scrp1 scrp2 ""))
         ((= delkrit "k") (COMMAND "loeschen" "k" scrp1 scrp2 ""))
         ((= delkrit "F") (COMMAND "loeschen" "f" scrp1 scrp2 ""))
         ((= delkrit "f") (COMMAND "loeschen" "f" scrp1 scrp2 ""))
   )
(PRINC)
)
```

8.9 TEXT ÄNDERN
AutoCAD-Systemdiskette

```
;sucht definierte Textstellen und ersetzt sie
;mit neuem Text
;
(DEFUN C:CHGTEXT (/ adj p l n e os as ns st s nsl osl sl si chf chm)
   (SETQ p (SSGET))                    ; Select objects
   (IF p (PROGN                        ; If any objects selected
      (SETQ osl (STRLEN (SETQ os (GETSTRING "\nAlter Text: " t))))
      (SETQ nsl (STRLEN (SETQ ns (GETSTRING "\nNeuer Text: " t))))
      (SETQ l 0 chm 0 n (SSLENGTH p))
      (SETQ adj
         (COND ((/= osl nsl) (- nsl osl))
               (T nsl)
         )
      )
      (WHILE (< l n)                   ; For each selected object...
         (IF (= "TEXT"                 ; Look for TEXT entity type (group 0)
               (CDR (ASSOC 0 (SETQ e (ENTGET (SSNAME p l))))))
            (PROGN
               (SETQ chf nil si 1)
               (SETQ s (CDR (SETQ as (ASSOC 1 e))))
               (WHILE (= osl (SETQ sl (STRLEN
                                 (SETQ st (SUBSTR s si osl)))))
                  (IF (= st os) (PROGN
                     (SETQ s (STRCAT (SUBSTR s 1 (1- si)) ns
                                     (SUBSTR s (+ si osl))))
                     (SETQ chf t)      ; Found old string
                     (SETQ si (+ si adj))
                  ))
                  (SETQ si (1+ si))
               )
               (IF chf (PROGN          ; Substitute new string for old
                  (SETQ e (SUBST (CONS 1 s) as e))
                  (ENTMOD e)           ; Modify the TEXT entity
                  (SETQ chm (1+ chm))
               ))
            )
         )
         (SETQ l (1+ l))
      )
   ))
   (PRINC chm)
   (PRINC " Textlinie(n)")
   (PRINC " geaendert.")               ; Print total lines changed
   (TERPRI)
)
```

8.10 TEXTSIZE
Staufen Akademie, Göppingen, B.Geibel

```
;TEXTSIZE ermittelt Texthoehen und zugehoerige Layer
(DEFUN C:TEXTSIZE()
   (SETQ halt (GETVAR "dimtxt"))
   (SETQ tslist (LIST '(2.5 "text25")
            '(3.5 "text35")
               '(5.0 "text50")
            '(7.0 "text70")
         ))
   (DEFUN hoehe()
      (PROMPT "\nTexthoehe [2.5-3.5-5.0-7.0] <")
      (PRINC halt)
      (PRINC "> :")
      (SETQ h (GETDIST))
      (IF (= h nil) (SETQ h halt))
      (SETQ tlayer (CAR (CDR (ASSOC h tslist))))
   )
   (hoehe)
   (WHILE (= tlayer nil)
      (WRITE-CHAR 7)
      (PROMPT "\nfalsche Texthoehe !")
      (hoehe)
   )
   (SETVAR "dimtxt" h)
)
```

8.11 ASCII
Günter Scheuermann-Staehler

```
Text in Zeichnung einfügen
;gestattet das Einfügen einer Textdatei in eine CAD-
;Zeichnung mit aktuellem Zeichensatz unter Angabe der
;Texthöhe, des Zeilen-Zwischenraumes und der
;Zeilenanzahl
;
(defun C:ASCII()
(SETVAR"CMDECHO"0)

(SETQ t(GETSTRING "\nText-Datei Name: "))
(SETQ pkt (GETPOINT "\nStartpunkt: "))
(SETQ th (GETREAL "\nTexthöhe : "))
(SETQ zzw (GETREAL "\nZeilenzwischenraum : "))
(SETQ zn (GETINT "\nZeilenanzahl : "))
(SETQ zzw (+ th zzw))
(SETQ dat (OPEN T "r"))
   (REPEAT zn
       (SETQ text (READ-LINE dat))
       (COMMAND "TEXT" pkt th 0.0 text)
       (SETQ yneu (- (CADR pkt) zzw))
       (SETQ pkt (LIST (CAR pkt) yneu))
   )
(CLOSE dat)
)
;
```

8.12 SPIRAL
Kelvin R. Throop, Autodesk

```
;zeichnet Spiralen ähnlich einer Spiralfeder
;
;Designed and implemented by Kelvin R. Throop on 1985
;(cspiral <# rotations> <base point> <growth per rotation>
;                <points per circle>)
;
(DEFUN cspiral (ntimes bpoint cfac lppass / ang dist tp ainc dinc circle bs cs)
        (SETQ cs (GETVAR "cmdecho"))
        (SETQ bs (GETVAR "blipmode"))
        (SETVAR "blipmode" 0)
        (SETVAR "cmdecho" 0)
        (SETQ circle (* 3.141596235 2))
        (SETQ ainc (/ circle lppass))
        (SETQ dinc (/ cfac lppass))
        (SETQ ang 0.0)
        (SETQ dist 0.0)
        (COMMAND "plinie" bpoint)
        (REPEAT ntimes
           (REPEAT lppass
              (SETQ tp (POLAR bpoint (SETQ ang (+ ang ainc))
                      (SETQ dist (+ dist dinc))))
              (COMMAND tp)
           )
        )
        (COMMAND)
        (SETVAR "blipmode" bs)
        (SETVAR "cmdecho" cs)
        nil
)
;
;       Interactive spiral generation
;
(DEFUN C:SPIRAL ( / nt bp cf lp)
        (PROMPT "\nZentrum: ")
        (SETQ bp (GETPOINT))

        (PROMPT "\nAnzahl Umdrehungen: ")
        (SETQ nt (GETINT))
        (PROMPT "\nSteigung/Umdrehung: ")
        (SETQ cf (GETDIST bp))
        (PROMPT "\nPunkte/Umdrehung: ")
        (SETQ lp (GETINT))
        (COND ((NULL lp) (SETQ lp 30)))
        (cspiral nt bp cf lp)
)
```

8.13 3D-SPIRALE
Günter Scheuermann-Staehler

```
; Lispprogramm zum Zeichnen von 3-dimensionalen, senkrechten
; Spiralen, z.B. von Spiralbohrern
;
(VMON)
(PROMPT "\nProgramm wird geladen. Bitte warten...")
(TERPRI)
(SETVAR "CMDECHO" 0)
(SETVAR "BLIPMODE" 0)
;
(DEFUN C:3DSPIRAL ()
;
; Kennwerte eingeben
(SETQ mp (GETPOINT "\nMittelpunkt :"))
(SETQ dm (GETREAL "\nDurchmesser :"))
(SETQ rd (/ dm 2))
(SETQ teil (GETINT "\nAnzahl der zu zeichnenden Kreisteilungen :"))
(SETQ st (GETREAL "\nSpiralsteigung :"))
(SETQ lg (GETREAL "\nSpirallaenge :"))
;
(SETQ dz (/ st teil))
(SETQ dwin (/ (* 2 pi) teil))
(SETQ zges 0)
(SETQ winges 0)
(SETQ p1 (POLAR mp 0 rd))
(SETQ p1 (append p1 (LIST 0)))
(SETQ mp3 (APPEND mp (LIST zges)))
;
(WHILE (< zges lg)
;
      (SETQ winges (+ winges dwin))
      (SETQ zges (+ zges dz))
      (SETQ p2 (POLAR mp winges rd))
      (SETQ p2 (APPEND p2 (LIST zges)))
      (SETQ mp4 (APPEND mp (LIST zges)))
      (COMMAND "3dFLAECH" mp4 mp3 p1 p2)

      (COMMAND "")
      (SETQ p1 p2)
      (SETQ mp3 mp4)
;
)
; Mittellinie zeichnen
(SETQ m1 (APPEND mp (LIST 0)))
(SETQ m2 (APPEND mp (LIST zges)))
(COMMAND "3dlinie" m1 m2)
(COMMAND "")
;
(SETVAR "CMDECHO" 1)
(SETVAR "BLIPMODE" 1)
; ende
)
```

8.13 3D-SPIRALE

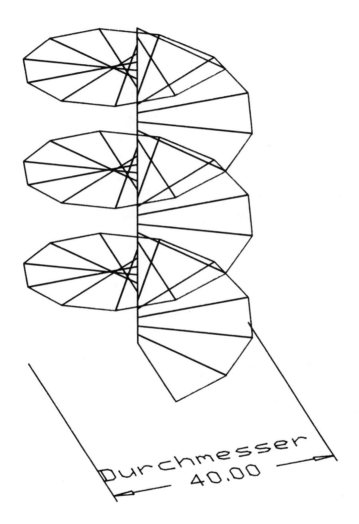

8.14 WAND
Günter Scheuermann-Staehler

zeichnet Wände und Wandzüge als Doppellinien mit geschlossenem Anfang und Ende

```
(DEFUN C:WAND ()
(COND
   ((NULL w) (SETQ w 0))
)
(PRINC "\nWandstärke <")
(PRINC w)
(PRINC "> : ")
(SETQ w (GETREAL))
(COND
   ((NULL w) (SETQ w w1))
)
(SETQ w1 w)
(SETQ w2 (* w 0.5))
;
;
(SETQ pt1 (GETPOINT "\nStartpunkt Mittellinie: "))
(SETQ pt2 (GETPOINT "\nNächster Punkt: "))
(SETQ z (+ (ANGLE pt1 pt2) 1.57079633))
(SETQ pt1a (POLAR pt1 (+ z pi) w2))
(SETQ pt1b (POLAR pt1a z w))
(COMMAND "Linie" pt1a pt1b)
(COMMAND "")
;
(SETQ l t)
(WHILE l
   (SETQ pt3 (GETPOINT "\nNächster Punkt oder Return: "))
;
   (COND
      ((NULL pt3)
      (SETQ z (+ (ANGLE pt1 pt2) (/ pi 2.0)))
      (SETQ pt2a (POLAR pt2 (+ z pi) w2))
      (SETQ pt2b (POLAR pt2a z w))
      (COMMAND "Linie" pt1a pt2a pt2b pt1b)
      (COMMAND "") (SETQ l nil))
      (t(contin))
   )         ;end-cond
)            ;end-while
)
;end
```

```
(DEFUN contin ()
        (SETQ z1 (ANGLE pt2 pt1))
        (SETQ z1x (ANGLE pt1 pt2))
        (SETQ z2 (ANGLE pt2 pt3))
        (SETQ z2x (+ (* (+ z1 z2) 0.5) 3.14159))
        (SETQ pt2b (POLAR pt2 z2x (/ w2 (SIN (- z2x z1x)))))
        (COMMAND "LINIE" pt1b pt2b)
        (COMMAND "")
        (SETQ pt2a (POLAR pt2 z2x (* (/ w2 (SIN (- z2x z1x))) -1)))
        (COMMAND "LINIE" pt1a pt2a)
        (COMMAND "")
        (SETQ pt1 pt2)
        (SETQ pt1a pt2a)
        (SETQ pt1b pt2b)
        (SETQ pt2 pt3)
)
```

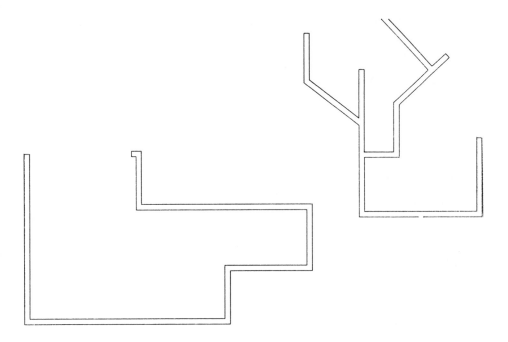

8.15 WAND-Anschluß
Günter Scheuermann-Staehler

zeichnet an bestehende Wände Wandanschlüsse

```
;t-tstoss.lsp
;
(DEFUN C:T-AN ()
;
(COND
   ((NULL w) (SETQ w 0))
)
(PRINC "\nWandstärke <")
(PRINC w)
(PRINC "> : ")
(SETQ w (GETREAL))
(COND
   ((NULL w) (SETQ w w1))
)
(SETQ w1 w)
(SETQ w2 (* w 0.5))
;
(SETQ EN(ENTSEL"Anschlußpunkt wählen: "))
(SETQ ENLIST (ENTGET (CAR EN)))
(SETQ PT1 (CDR EN))
(SETQ llang (length enlist))
(SETQ l 0)
(WHILE (<= L llang)
   (SETQ LLIST (CAR ENLIST))
   (SETQ ENLIST (CDR ENLIST))
   (IF (= (CAR LLIST) 10) (SETQ PLIN1 (CDR LLIST)))
   (IF (= (CAR LLIST) 10) (SETQ PLIN2 (CDR (CAR ENLIST))))
   (SETQ L (+ L 1))
)
;
(SETQ pt1 (CAR pt1))
;
(SETQ wili (ANGLE plin1 plin2))
(SETQ pt2 (GETPOINT "nach Punkt: "))
(SETQ wian (ANGLE pt1 pt2))
(SETQ alpha (- wili wian (* pi 0.5)))
(SETQ s (/ w2 (COS alpha)))
(PRINC s)

(SETQ pt1a (POLAR pt1 (+ wili pi) s))
(SETQ pt1b (POLAR pt1 wili s))
(SETQ pt1a (OSNAP pt1a "NAE"))
(SETQ pt1b (OSNAP pt1b "NAE"))
(COMMAND "BRUCH" (CAR en) pt1a pt1b)
;
(SETQ l t)
(WHILE l
   (SETQ pt3 (GETPOINT "\nNächster Punkt oder Return: "))
;
```

```
     (COND
        ((NULL pt3)
         (SETQ z (+ (ANGLE pt1 pt2) (/ pi 2.0)))
         (SETQ pt2a (POLAR pt2 (+ z pi) w2))
         (SETQ pt2b (POLAR pt2a z w))
         (COMMAND "Linie" pt1a pt2a pt2b pt1b)
         (COMMAND "") (SETQ l nil))
        (t(contin))
     )     ;end-cond
  )     ;end-while
)
;end
(DEFUN contin ()
        (SETQ z1 (ANGLE pt2 pt1))
        (SETQ z1x (ANGLE pt1 pt2))
        (SETQ z2 (ANGLE pt2 pt3))
        (SETQ z2x (+ (* (+ z1 z2) 0.5) 3.14159))
        (SETQ pt2b (POLAR pt2 z2x (/ w2 (SIN (- z2x z1x)))))
        (COMMAND "LINIE" pt1b pt2b)
        (COMMAND "")
        (SETQ pt2a (POLAR pt2 z2x (* (/ w2 (SIN (- z2x z1x))) -1)))
        (COMMAND "LINIE" pt1a pt2a)
        (COMMAND "")
        (SETQ pt1 pt2)
        (SETQ pt1a pt2a)
        (SETQ pt1b pt2b)
        (SETQ pt2 pt3)
)
```

8.16 3D-DREHEN –
Universität Hannover, FB Architektur, IAP

```
;dreht 3D-gezeichnete Elemente im Raum
;
(DEFUN rot (pkt)
    (SETQ x (CAR pkt))
    (SETQ y (CADR pkt))
    (SETQ z (CADDR pkt))
    (SETQ deltax (- x drehx))
    (SETQ deltay (- y drehy))
    (SETQ deltaz (- z drehz))
    ;
    (IF (OR (= achse "x") (= achse "X"))
        (PROGN
            (SETQ x1 x)
            (SETQ y1 (+ (- (* cos-wink deltay) (* sin-wink deltaz)) drehy))
            (SETQ z1 (+ (+ (* cos-wink deltaz) (* sin-wink deltay)) drehz))
        )
    )
    (IF (OR (= achse "y") (= achse "Y"))
        (PROGN
            (SETQ x1 (+ (- (* cos-wink deltax) (* sin-wink deltaz)) drehx))
            (SETQ y1 y)
            (SETQ z1 (+ (+ (* cos-wink deltaz) (* sin-wink deltax)) drehz))
        )
    )
    (IF (OR (= achse "z") (= achse "Z"))
        (PROGN
            (SETQ x1 (+ (- (* cos-wink deltax) (* sin-wink deltay)) drehx))
            (SETQ y1 (+ (+ (* cos-wink deltay) (* sin-wink deltax)) drehy))
            (SETQ z1 z)
        )
    )
    (SETQ pkt (LIST x1 y1 z1))
)
(DEFUN C:3DDREHEN ()
    (SETVAR "cmdecho" 0)
    (SETVAR "menuecho" 0)
    ;
    (SETQ e (SSGET))
    (SETQ anzahl (SSLENGTH e))
    ;
    (INITGET 16)
    (SETQ drehpkt (GETPOINT "\nDrehpunkt ? "))
    (SETQ drehx (CAR drehpkt))
    (SETQ drehy (CADR drehpkt))
    (SETQ drehz (CADDR drehpkt))
    ;
    (SETQ aw (GETSTRING "\nAchse + Winkel ? ")) ; z.B. "X+45"
    (SETQ achse (substr aw 1 1))
    (SETQ winkel (atof(substr aw 2)))
    (SETQ cos-wink (COS (* (/ winkel 180) pi)))
    (SETQ sin-wink (SIN (* (/ winkel 180) pi)))
    ;
```

```
(SETQ zaehler 0)
(REPEAT anzahl
    (SETQ satz (ENTGET (SSNAME e zaehler)))
    (SETQ art (CDR (ASSOC 0 satz)))
    (IF (= "LINE" art) (SETQ i 1) (SETQ i 0))
    (IF (= "3DLINE" art) (SETQ i 2))
    (IF (= "3DFACE" art) (SETQ i 3))
    (IF (= i 1) ; Linie
        (PROGN
            (SETQ xy1 (CDR (ASSOC 10 satz)))
            (SETQ xy2 (CDR (ASSOC 11 satz)))
            (SETQ erh (CDR (ASSOC 38 satz)))
            (SETQ obh (CDR (ASSOC 39 satz)))
            (IF (= erh nil) (SETQ erh 0))
            (IF (= obh nil) (SETQ obh 0))
            (IF (/= obh 0)
                (PROGN
                    (SETQ obh (+ obh erh))
                    (SETQ pkt (LIST (CAR xy1) (CADR xy1) erh))
                    (SETQ pkt1 (rot pkt))
                    (SETQ pkt (LIST (CAR xy1) (CADR xy1) obh))
                    (SETQ pkt2 (rot pkt))
                    (SETQ pkt (LIST (CAR xy2) (CADR xy2) obh))
                    (SETQ pkt3 (rot pkt))

                    (SETQ pkt (LIST (CAR xy2) (CADR xy2) erh))
                    (SETQ pkt4 (rot pkt))
                    (ENTDEL (SSNAME e zaehler))
                    (COMMAND "3DFLAECH" pkt1 pkt2 pkt3 pkt4 "")
                )
                (PROGN
                    (SETQ pkt (LIST (CAR xy1) (CADR xy1) erh))
                    (SETQ pkt1 (rot pkt))
                    (SETQ pkt (LIST (CAR xy2) (CADR xy2) erh))
                    (SETQ pkt2 (rot pkt))
                    (ENTDEL (SSNAME e zaehler))
                    (COMMAND "3DLINIE" pkt1 pkt2 "")
                )
            )
        )
    )
    (IF (= i 2) ; 3D-Linie
        (PROGN
            (SETQ pkt (CDR (ASSOC 10 satz)))
            (SETQ pkt1 (rot pkt))
            (SETQ pkt (CDR (ASSOC 11 satz)))
            (SETQ pkt2 (rot pkt))
            (ENTDEL (SSNAME e zaehler))
            (COMMAND "3DLINIE" pkt1 pkt2 "")
        )
    )
```

```
        (IF (= i 3) ; 3D-Flaeche
            (PROGN
                (SETQ pkt (CDR (ASSOC 10 satz)))
                (SETQ pkt1 (rot pkt))
                (SETQ pkt (CDR (ASSOC 11 satz)))
                (SETQ pkt2 (rot pkt))
                (SETQ pkt (CDR (ASSOC 12 satz)))
                (SETQ pkt3 (rot pkt))
                (SETQ pkt (CDR (ASSOC 13 satz)))
                (SETQ pkt4 (rot pkt))
                (ENTDEL (SSNAME e zaehler))
                (COMMAND "3DFLAECH" pkt1 pkt2 pkt3 pkt4 "")
            )
        )
        (SETQ zaehler (+ zaehler 1))
    )   ;while e
    (SETVAR "menuecho" 1)
)
```

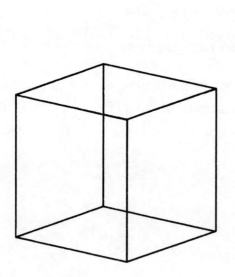
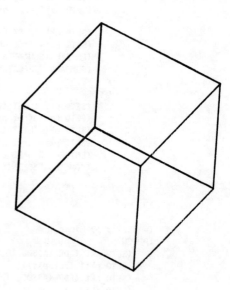

8.17 SCHATTEN VON 3D-ELEMENTEN –
Universität Hannover, FB Architektur, IAP

```
;zeichnet zu 3D-gezeichneten Elementen einen Schattenriß in
;Abhängigkeit vom Standort einer Lichtquelle
;
(DEFUN proj (punkt)
       (SETQ x (CAR punkt))
       (SETQ y (nth 1 punkt))
       (SETQ z (nth 2 punkt))
       (SETQ 2dpunkt (LIST x y))
       (SETQ punkt (POLAR 2dpunkt hwinkel (/ z (/ (SIN vwinkel) (COS vwinkel))))))
(DEFUN C:SCHATTEN ()

       (SETQ hwinkel nil vwinkel nil auswahl nil i nil)
       (SETVAR "cmdecho" 0)
       (SETQ erh (GETVAR "elevation"))
       (SETQ ojh (GETVAR "thickness"))
       (SETQ hw (GETREAL "\nHorizontaler Lichteinfallswinkel: "))
       (SETQ vw (GETREAL "\nVertikaler Lichteinfallswinkel: "))
       (SETQ col (GETSTRING "\nSchatten-Farbe (Nummer):"))
       (COMMAND "Farbe" col)
       (SETQ hwinkel (/ (* hw pi) 180))
       (SETQ vwinkel (/ (* vw pi) 180))
       (SETQ auswahl (SSGET))
       (SETQ anzahl (SSLENGTH auswahl))
       (SETQ zaehler 0)
       (REPEAT anzahl
           (SETVAR "elevation" 0)
           (SETVAR "thickness" 0)
           (SETQ satz (ENTGET (SSNAME auswahl zaehler)))
           (SETQ art (CDR (ASSOC 0 satz)))
           (IF (= "LINE" art) (SETQ i 1))
           (IF (= "3DFACE" art) (SETQ i 2))
           (IF (= i 1)
               (PROGN
                   (SETQ pkt1u (CDR (ASSOC 10 satz)))
                   (SETQ pkt2u (CDR (ASSOC 11 satz)))
                   (SETQ erh (CDR (ASSOC 38 satz)))
                   (SETQ obh (CDR (ASSOC 39 satz)))
                   (IF (= erh nil) (SETQ erh 0))
                   (IF (= obh nil) (SETQ obh 0))
                   (IF (/= obh nil)
                       (PROGN
                           (SETQ obh (+ obh erh))
                           (SETQ pkt1o (append pkt1u (LIST obh)))
                           (SETQ pkt2o (append pkt2u (LIST obh)))
                           (SETQ p1 (proj pkt1o))
                           (SETQ p2 (proj pkt2o))
                           (SETQ pkt1u (append pkt1u (LIST erh)))
                           (SETQ pkt2u (append pkt2u (LIST erh)))
                           (SETQ p3 (proj pkt1u))
                           (SETQ p4 (proj pkt2u))
                           (COMMAND "solid" p1 p2 p3 p4 "")
                   )
```

150 8 Weitere nützliche Programme

```
                        (PROGN
                            (SETQ pkt1u (append pkt1u (LIST obh)))
                            (SETQ pkt2u (append pkt2u (LIST obh)))
                            (SETQ p1 (proj pkt1u))
                            (SETQ p2 (proj pkt2u))
                            (COMMAND "Linie" p1 p2 "")
                        )
                    )
                )
            )
            (IF (= i 2)
                (PROGN
                    (SETQ pkt1 (CDR (ASSOC 10 satz)))
                    (SETQ pkt2 (CDR (ASSOC 11 satz)))
                    (SETQ pkt3 (CDR (ASSOC 12 satz)))
                    (SETQ pkt4 (CDR (ASSOC 13 satz)))
                    (SETQ p1 (proj pkt1))
                    (SETQ p2 (proj pkt2))
                    (SETQ p3 (proj pkt3))
                    (SETQ p4 (proj pkt4))

                    (IF (EQUAL p1 p4)
                        (COMMAND "solid" p1 p2 p3 "" "")
                        (PROGN
                            (IF (/= (inters p1 p2 p3 p4) nil)
                            (COMMAND "solid" p1 p2 p3 p4 "")
                            (COMMAND "solid" p1 p2 p4 p3 "")
                            )
                        )
                    )
                )
            )
            (SETQ zaehler (+ 1 zaehler))
        )
        (COMMAND "farbe" "vonlayer")
        (SETVAR "elevation" erh)
        (SETVAR "thickness" ojh)
        (COMMAND "neuzeich")
        (SETVAR "cmdecho" 1)
)
```

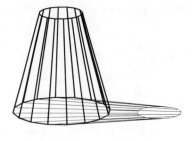
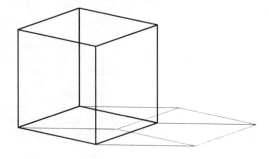

8.18 FLÄCHENNETZ 3D
Universität Hannover, FB Architektur, IAP

```
;zeichnet über Elemente, die mit Erhebung gezeichnet wurden
;,z.B. Höhenlinien, ein Flächennetz aus 3DFLAECH-Elementen.
;Die Layer HOEHENL und RASTER müssen vorhanden sein.
;
(DEFUN c:FLNETZ ()
    (SETVAR "CMDECHO" 0)
    (SETQ rast-br (GETREAL "\nRasterbreite eingeben <1> "))
    (IF (= rast-br nil) (SETQ rast-br 1))
    (SETQ entf (/ rast-br 2.0))
    (SETVAR "SNAPUNIT" (LIST rast-br rast-br))
    (SETVAR "SNAPMODE" 1)
    (SETQ li-ob (GETPOINT "\nlinke obere Ecke der zu modulierenden Flaeche eingeben "))
    (SETQ re-un (GETCORNER li-ob "\nrechte untere Ecke der zu modulierenden Flaeche
        eingeben "))
    (COMMAND "layer" "a" "*" "j" "e" "HOEHENL" "")
    (SETQ anz-x (fix (+ (/ (- (CAR re-un) (CAR li-ob)) rast-br) 1)))
    (SETQ anz-y (fix (+ (/ (- (CADR li-ob) (CADR re-un)) rast-br) 1)))
    (SETQ akt-x (CAR li-ob) akt-y (CADR li-ob))
    (SETQ li-x (CAR li-ob) re-x (CAR re-un) ob-y (CADR li-ob) un-y (CADR re-un))
    (SETQ pkt-list ())
    (TERPRI)
    (PRINT "Flaechen werden berechnet ! bitte etwas Geduld")
    (SETQ zaehler 0)
    (REPEAT anz-y
        (REPEAT anz-x
            ;*****
            (SETQ sp1 (LIST akt-x akt-y))
            (SETQ z 0 summe-anz 0 summe-hoehe 0 richt 0)
            (REPEAT 4
                (SETQ z (1+ z))
                (SETQ anz 0)
                (SETQ auswahl nil)
                (WHILE (AND (= auswahl nil) (< anz 10))
                    (SETQ auswahl nil)
                    (SETQ anz (1+ anz))
                    (IF (= z 1) (SETQ sp2 (LIST (+ akt-x (* entf anz)) (+ akt-y 0.01) )))
                    (IF (= z 2) (SETQ sp2 (LIST (+ akt-x 0.01) (+ akt-y (* entf anz)) )))
                    (IF (= z 3) (SETQ sp2 (LIST (- akt-x (* entf anz)) (+ akt-y 0.01) )))
                    (IF (= z 4) (SETQ sp2 (LIST (+ akt-x 0.01) (- akt-y (* entf anz)) )))
                    (SETQ auswahl (SSGET "K" sp1 sp2))
                );while...
                (IF (= auswahl nil)
                    (SETQ hoehe 0 anz 100)
                    (PROGN
                        (SETQ hoehe (CDR (ASSOC 38 (ENTGET (SSNAME auswahl 0)))))
                        (IF (= z 1) (SETQ h1 hoehe anz1 anz))
                        (IF (= z 2) (SETQ h2 hoehe anz2 anz))
                        (IF (= z 3) (SETQ h3 hoehe anz3 anz))
                        (IF (= z 4) (SETQ h4 hoehe anz4 anz))
                        (SETQ richt (1+ richt))
                    );PROGN...
                );if...
            );repeat...
```

```
                (IF (= richt 0)
                    (SETQ akt-z 0)
                    (PROGN
                        (SETQ mx (/ (+ (* h1 anz3) (* h3 anz1)) (+ anz1 anz3)))
                        (SETQ my (/ (+ (* h2 anz4) (* h4 anz2)) (+ anz2 anz4)))
                        (SETQ akt-z (/ (+ mx my) 2))
                    );PROGN...
                );if...
                ;*****
                (SETQ akt-pkt (CONS zaehler akt-z))
                (SETQ pkt-list (CONS akt-pkt pkt-list))
                (SETQ akt-x (+ akt-x rast-br))
                (SETQ zaehler (+ zaehler 1))
            )
            (SETQ akt-y (- akt-y rast-br))
            (SETQ akt-x (CAR li-ob))
        )
        (SETQ zaehler 0)
        (COMMAND "layer" "m" "RASTER" "")
        (SETQ akt-x re-x)
        (SETQ akt-y un-y)
        (REPEAT (- anz-y 1)
            (REPEAT (- anz-x 1)
                (SETQ p1 (LIST akt-x akt-y (CDR (nth zaehler pkt-list))))
                (SETQ p2 (LIST (- akt-x rast-br) akt-y (CDR (nth (+ zaehler 1) pkt-list))))
                (SETQ p3 (LIST (- akt-x rast-br) (+ akt-y rast-br)
                   (CDR (nth (+ zaehler anz-x 1) pkt-list))))
                (SETQ p4 (LIST akt-x (+ akt-y rast-br)
                   (CDR (nth (+ zaehler anz-x) pkt-list))))
                (COMMAND "3DFLAECH" p1 p2 p3 p4 "")
                (SETQ zaehler (1+ zaehler))
                (SETQ akt-x (- akt-x rast-br))
            )
            (SETQ zaehler (+ zaehler 1))
            (SETQ akt-y (+ akt-y rast-br))
            (SETQ akt-x re-x)
        )
)
```

8.19 PARABEL
Cadalyst VOL 4#5

```
;------------------------------------
;zeichnet Parabeln aus Linienteilen mit frei
;wählbaren Parametern
;
(DEFUN C:PARABEL ()
(SETQ cmde (GETVAR "CMDECHO"))
(SETVAR "CMDECHO" 0)
(SETQ a (GETPOINT "Scheitelpunkt : "))
(TERPRI)
(SETQ b (GETPOINT "Kurvenpunkt   : "))
(TERPRI)
(SETQ c (GETPOINT "Achsenrichtung vom Scheitel ausgehend: "))
(TERPRI)
(IF (SETQ d (GETREAL "Aufloesung <10> : ")) ()
   (SETQ d 10))
(TERPRI)
;
(SETQ e (ANGLE A C))
(SETQ f (- (ANGLE A C) (ANGLE A B)))
(SETQ g (COS E))
(SETQ h (SIN E))
;
(SETQ xa (CAR a))
(SETQ ya (CADR a))
;
(SETQ xb (* (DISTANCE a b) (SIN f)))
;
(SETQ i (/ xb d))
;
(SETQ j (/ (COS f) (SIN f) xb))
;
(SETQ k (SSADD))
(SETQ x1 0)
(SETQ y1 0)
(WHILE
   (EQ "" (GETSTRING "weiter ? <J>   : "))
   ;
   (SETQ x2 (+ x1 i))
   (SETQ y2 (* j x2 x2))
   (COMMAND "LINIE"
      (LIST (+ xa (* x1 h) (* y1 g))
            (+ ya (- (* y1 h) (* x1 g))))
      (LIST (+ xa (* x2 h) (* y2 g))
            (+ ya (- (* y2 h) (* x2 g))))
      "")
   (SETQ x1 x2)
   (SETQ y1 y2)
   (SETQ k (SSADD (ENTLAST) k ))
)
(SETVAR "CMDECHO" cmde)
)
```

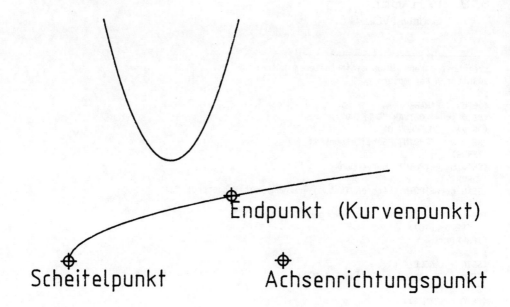

8.20 POS.LSP bringt halbautomatisch Positionszahlen an
Staufen Akademie, Göppingen

```
; POS bringt Positionsbezeichnungen an
; Die Zeichnung muß den LAYER "MASSE" beinhalten
;
(DEFUN C:POS()
;
    (SETQ lalt (GETVAR "clayer")
          ealt (GETVAR "menuecho")
          calt (GETVAR "cmdecho")
          oalt (GETVAR "orthomode")
          h (GETVAR "textsize")
    )
    (SETVAR "menuecho" 1)
    (SETVAR "cmdecho" 0)
;
    (SETQ ps (GETPOINT "\nStartpunkt Linie :"))
    (WHILE (/= ps nil)
           (SETVAR "orthomode" 0)
           (SETQ pe (GETPOINT ps "\nEndpunkt Linie :"))
           (SETVAR "orthomode" 1)
           (SETQ wi (GETANGLE pe "\nWinkel Bezugslinie :"))
           (SETQ nr (GETSTRING "\nPositionsnummer :"))
           (SETQ te (GETSTRING T "\nZusatztext :"))
;
           (SETQ pb (POLAR pe wi (* 2.0 h))
                 pt (POLAR pb wi h)
                 fi (/ pi 2)
           )
           (COMMAND "layer" "s" "masse" "")
           (COMMAND "ring" 0 (/ h 4) ps "")
           (COMMAND "linie" ps pe pb "")
           (IF (AND (>= wi pi) (<= wi (* 3 fi)))
               (progn
                     (COMMAND "text" "r" pt h
                              (* (ANGLE pb pe) (/ 180 pi)) nr)
               )
               (progn
                     (COMMAND "text" pt h
                              (* (ANGLE pe pb) (/ 180 pi)) nr)
               )
           )
           (IF (/= te nil)
               (COMMAND "text" "" te)
           )
           (SETQ ps (GETPOINT "\nStartpunkt Linie :"))
    )
;
    (COMMAND "layer" "s" lalt "")
    (SETVAR "menuecho" ealt)
    (SETVAR "cmdecho" calt)
    (SETVAR "orthomode" oalt)
    (PRINC)
)
(PRINC)
```

156 8 Weitere nützliche Programme

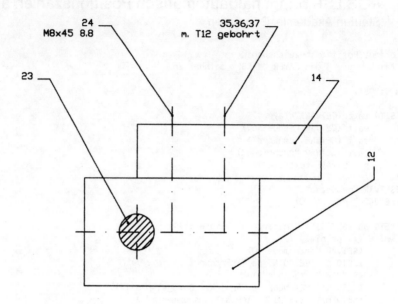

LAYER 'MASSE' ist erforderlich

ANHANG

A1 – Lösungen der Übungsaufgaben

AUFGABE : "BOX1.LSP"

```
(DEFUN C:BOX1()
;EINGABE
        (SETQ P1 (GETPOINT "\nEINGABE DES STARTPUNKTES:"))
        (SETQ L (GETDIST P1 "\nEINGABE DER LAENGE:"))
        (SETQ H (GETDIST P1 "\nEINGABE DER HOEHE:"))

;BERECHNUNG DER PUNKTE
        (SETQ P2 (POLAR P1 0 L))
        (SETQ P3 (POLAR P2 (/ PI 2) H))
        (SETQ P4 (POLAR P3 PI L))

;ZEICHNEN DER KONTUR
        (COMMAND "LINIE" P1 P2 P3 P4 "S")
)
```
****

AUFGABE : "BOX2.LSP", <ERWEITERUNG VON BOX1>

```
(DEFUN C:BOX2()
;EINGABE
        (SETQ P1 (GETPOINT "\nEINGABE DES STARTPUNKTES:"))
        (SETQ L (GETDIST P1 "\nEINGABE DER LAENGE:"))
        (SETQ H (GETDIST P1 "\nEINGABE DER HOEHE:"))
        (SETQ W (GETANGLE P1 "\nEINGABE DES DREHWINKELS:"))

;BERECHNUNG DER PUNKTE
        (SETQ P2 (POLAR P1 W L))
        (SETQ P3 (POLAR P2 (+ W (/ PI 2)) H))
        (SETQ P4 (POLAR P3 (+ W PI) L))

;LAYER AUF LAYER 0 SETZEN
        (COMMAND "LAYER" "S" "0" "")

;ZEICHNEN DER KONTUR
        (COMMAND "LINIE" P1 P2 P3 P4 "S")
        (PRINC)
)
(PRINC)
```
****

AUFGABE : "BOX3.LSP"

```
(DEFUN C:BOX3()
;EINGABE
        (SETQ P1 (GETPOINT "\nLINKER, UNTERER ECKPUNKT:"))
        (SETQ PE (GETCORNER P1 "\nRECHTER,OBERER ECKPUNKT:"))
        (SETQ W (GETANGLE P1 "\nEINGABE DES DREHWINKELS:"))

;BERECHNNG DER LÄNGE UND HÖHE
        (SETQ L (- (CAR PE) (CAR P1)))
        (SETQ H (- (CADR PE) (CADR P1)))
```

```
;BERECHNUNG DER PUNKTE
        (SETQ P2 (POLAR P1 W L))
        (SETQ P3 (POLAR P2 (+ W (/ PI 2)) H))
        (SETQ P4 (POLAR P3 (+ W PI) L))

;LAYER AUF LAYER 0 SETZEN
        (COMMAND "LAYER" "S" "0" "")

;ZEICHNEN DER KONTUR
        (COMMAND "LINIE" P1 P2 P3 P4 "S")
        (PRINC)
)
(PRINC)
*******************************************
```

AUFGABE : "BOX4.LSP"

```
(DEFUN C:BOX4()
;EINGABE
        (SETQ P1 (GETPOINT "\nLINKER, UNTERER ECKPUNKT:"))
        (SETQ PE (GETCORNER P1 "\nRECHTER,OBERER ECKPUNKT:"))

;VERZWEIGUNG
        (IF (= PE NIL)
;OB LÄNGENEINGABE
            (PROGN
                    (SETQ L (GETDIST P1 "\nEINGABE DER
LAENGE:"))
                    (SETQ H (GETDIST P1 "\nEINGABE DER
HOEHE:"))
            )
;ODER DYNAMISCHE BOX
            (PROGN
                    (SETQ L (- (CAR PE) (CAR P1)))
                    (SETQ H (- (CADR PE) (CADR P1)))
            )
        )

;ABFRAGE OB DREHWINKEL <0>
        (SETQ W (GETANGLE P1 "\nEINGABE DES DREHWINKELS
<0>:"))
        (IF (= W NIL)  (SETQ W 0))

;BERECHNUNG DER PUNKTE
        (SETQ P2 (POLAR P1 W L))
        (SETQ P3 (POLAR P2 (+ W (/ PI 2)) H))
        (SETQ P4 (POLAR P3 (+ W PI) L))

;LAYER AUF LAYER 0 SETZEN
        (COMMAND "LAYER" "S" "0" "")

;ZEICHNEN DER KONTUR
        (COMMAND "LINIE" P1 P2 P3 P4 "S")
        (PRINC)
)
(PRINC)
*******************************************
```

AUFGABE : "BOX5.LSP"

```
(DEFUN C:BOX5()
;EINLESEN DER SYSTEMVARIABLEN
        (SETQ CLAYERALT (GETVAR "CLAYER"))
        (SETQ LIMMINALT (GETVAR "LIMMIN"))
        (SETQ LIMMAXALT (GETVAR "LIMMAX"))
        (SETQ LIMCHECKALT (GETVAR "LIMCHECK"))
;UMSTELLEN DER SYSTEMVARIABLEN
        (COMMAND "LAYER" "S" "0" "")
        (SETVAR "LIMMIN" '(50 50))
        (SETVAR "LIMMAX" '(200 200))
        (SETVAR "LIMCHECK" 1)
        (COMMAND "NEUZEICH")

;EINGABE
        (SETQ P1 (GETPOINT "\nLINKER, UNTERER ECKPUNKT:"))
        (SETQ PE (GETCORNER P1 "\nRECHTER,OBERER ECKPUNKT:"))
;VERZWEIGUNG OB LÄNGENEINGABE ODER DYNAMISCHE BOX
        (IF (= PE NIL)
            (PROGN
                (SETQ L (GETDIST P1 "\nEINGABE DER LAENGE:"))
                (SETQ H (GETDIST P1 "\nEINGABE DER HOEHE:"))
            )
            (PROGN
                (SETQ L (- (CAR PE) (CAR P1)))
                (SETQ H (- (CADR PE) (CADR P1)))
            )
        )
;ABFRAGE OB DREHWINKEL <0>
        (SETQ W (GETANGLE P1 "\nEINGABE DES DREHWINKELS <0>:"))
        (IF (= W NIL)  (SETQ W 0))

;BERECHNUNG DER PUNKTE
        (SETQ P2 (POLAR P1 W L))
        (SETQ P3 (POLAR P2 (+ W (/ PI 2)) H))
        (SETQ P4 (POLAR P3 (+ W PI) L))

;LAYER AUF LAYER 0 SETZEN
        (COMMAND "LAYER" "S" "0" "")
;ZEICHNEN DER KONTUR
        (COMMAND "LINIE" P1 P2 P3 P4 "S")

;RÜCKSETZEN DER SYSTEMVARIABLEN
        (COMMAND "LAYER" "S" CLAYERALT "")
        (SETVAR "LIMMIN" LIMMINALT)
        (SETVAR "LIMMAX" LIMMAXALT)
        (SETVAR "LIMCHECK" LIMCHECKALT)
        (COMMAND "NEUZEICH")
        (PRINC)
)
(PRINC)
*******************************************
```

AUFGABE : "BOX7.LSP"

```
(DEFUN C:BOX7()

;UNTERPROGRAMM ZUM EINLESEN DER SYSTEMVARIABLEN
    (defun sysvar()
        (SETQ CLAYERALT (GETVAR "CLAYER"))
        (SETQ MENUECHOALT (GETVAR "MENUECHO"))
        (SETQ CMDECHOALT (GETVAR "CMDECHO"))
    )

;UNTERPROGRAMM ZUM UMSTELLEN DER SYSTEMVARIABLEN
    (defun sysvarum()
        (COMMAND "LAYER" "S" "0" "")
        (SETVAR "MENUECHO" 1)
        (SETVAR "CMDECHO" 0)
    )

;UNTERPROGRAMM FÜR DIE EINGABE
            (defun Wert()
               (SETQ L (GETDIST P1 "\nEINGABE DER LAENGE:"))
               (SETQ H (GETDIST P1 "\nEINGABE DER HOEHE:"))
            )
            (defun Box()
               (SETQ L (- (CAR PE) (CAR P1)))
               (SETQ H (- (CADR PE) (CADR P1)))
            )

    (defun eing()
        (SETQ P1 (GETPOINT "\nLINKER, UNTERER ECKPUNKT:"))
        (SETQ PE (GETCORNER P1 "\nRECHTER,OBERER ECKPUNKT:"))

        ;VERZWEIGUNG OB LÄNGENEINGABE ODER DYNAMISCHE BOX
        (IF (= PE NIL)
            (Wert)     ;UNTERPROGRAMM FÜR EINGABE VON LÄNGE U. HÖHE
            (Box)      ;UNTERPROGRAMM FÜR DYNAMISCHE BOX
        )

        ;ABFRAGE OB DREHWINKEL <0>
        (SETQ W (GETANGLE P1 "\nEINGABE DES DREHWINKELS <0>:"))
        (IF (= W NIL)  (SETQ W 0))
    )

;UNTERPROGRAMM ZUM BERECHNEN DER PUNKTE
    (defun berech()
        (SETQ P2 (POLAR P1 W L))
        (SETQ P3 (POLAR P2 (+ W (/ PI 2)) H))
        (SETQ P4 (POLAR P3 (+ W PI) L))
    )

;UNTERPROGRAMM ZUM ZEICHNEN DER KONTUR
    (defun ausg()
        ;LAYER AUF LAYER 0 SETZEN
        (COMMAND "LAYER" "S" "0" "")
        ;ZEICHNEN DER KONTUR
        (COMMAND "LINIE" P1 P2 P3 P4 "S")
    )
```

```
;UNTERPROGRAMM ZUM RÜCKSETZEN DER SYSTEMVARIABLEN

    (defun sysvarrück()
        (COMMAND "LAYER" "S" CLAYERALT "")
        (SETVAR "MENUECHO" MENUECHOALT)
        (SETVAR "CMDECHO" CMDECHOALT)
    )

;HAUPTPROGRAMM  =  AUFRUFEN DER UNTERPROGRAMME
        ;EINLESEN DER SYSTEMVARIABLEN
        (sysvar)
        ;UMSTELLEN DER SYSTEMVARIABLEN
        (sysvarum)
        ;EINGABE
        (eing)
        ;BERECHNUNG DER PUNKTE
        (berech)
        ;ZEICHNEN DER KONTUR
        (ausg)
        ;ZURÜCKSETZEN DER SYSTEMVARIABLEN
        (sysvarrück)

    (PRINC)
)
(PRINC)
```

A2 – Befehlsreferenz AutoLISP, Syntax und Kurzbeschreibung aller AutoLISP-Funktionen

(bitweise operierende Funktionen
(BOOLE, ~, LSH, LOGAND, LOGIOR)
sind nicht enthalten)

arithmetische Funktionen

Bei arithmetischen Funktionen wird häufig automatisch mit Ganzzahlen (Integer) gerechnet, wenn alle eingegebenen <Zahl> <Zahl> <Zahl> ... Ganzzahlen sind. Ergebnisse sind dann ebenfalls Ganzzahlen.

1+	<Zahl>	: Inkrement, erhöht <Zahl> um 1
1-	<Zahl>	: Dekrement, vermindert <Zahl> um 1
+	<Zahl1> <Zahl> ...	: addiert alle <Zahl1> <Zahl> ...
-	<Zahl1> <Zahl> ...	: subtrahiert von <Zahl1> ...
*	<Zahl1> <Zahl> ...	: multipliziert alle <Zahl1> <Zahl> ...
/	<Zahl1> <Zahl> ...	: dividiert <Zahl1> durch <Zahl> ...
=	<Zahl1> <Zahl> ...	: TRUE, wenn <Zahl1>=<Zahl>=..., sonst NIL
/=	<Zahl1> <Zahl> ...	: NIL, wenn <Zahl1>=<Zahl> ..., sonst TRUE
<	<Zahl1> <Zahl> ...	: TRUE, wenn <Zahl1> kleiner <Zahl> ist
<=	<Zahl1> <Zahl> ...	: TRUE, wenn <Zahl1> kleiner/gleich <Zahl> ist
>	<Zahl1> <Zahl> ...	: TRUE, wenn <Zahl1> größer <Zahl> ist
>=	<Zahl1> <Zahl> ...	: TRUE, wenn <Zahl1> größer/gleich <Zahl> ist
ABS	<Zahl>	: ergibt den absoliuten Wert (Betrag) von <Zahl>
EXP	<Zahl>	: ergibt e hoch <Zahl> --> (e^<Zahl>)
EXPT	<Basis> <Exponent>	: ergibt <Basis> hoch <Exponent> --> (<Basis>^<Exponent>)
GCD	<Zahl 1> <Zahl 2>	: ergibt den kleinsten gemeinsammen Nenner (Ganzzahlen !)
LOG	<Zahl>	: ergibt den natürlichen Logarithmus (ln) der <Zahl>
MAX	<Zahl> <Zahl> ...	: ergibt die größte von <Zahl> <Zahl> <Zahl> ...
MIN	<Zahl> <Zahl> ...	: ergibt die kleinste von <Zahl> <Zahl> <Zahl> ...
REM	<Zahl 1> <Zahl 2>	: ergibt den Rest der Division von <Zahl1> durch <Zahl2>, (MOD)
SQRT	<Zahl>	: ergibt die 2. Wurzel der <Zahl>

geometrische und trigonometrische Funktionen

Alle Winkel werden im Bogenmaß ein- und zurückgegeben. <Punkt> ist eine Liste von zwei oder drei reellen Zahlen (X Y) oder (X Y Z).

```
ANGLE      <Punkt 1> <Punkt 2>    : ergibt den Winkel (Richtung) von <Punkt 1> nach
                                    <Punkt 2>

ATAN       <Zahl 1> [<Zahl 2>]    : ergibt den arctan von <Zahl 1>   ( ohne <Zahl 2> )
                                    oder den arctan von <Zahl 1>/<Zahl 2>
                                    oder +/- 1.570796, wenn <Zahl 2>=0 ist
COS        <Winkel>               : ergibt den cos des Winkels

DISTANCE  <Punkt 2> <Punkt 1>     : ergibt die Entfernung von <Punkt 1> nach <Punkt 2>

INTERS    <P1><P2><P3><P4>[<Modus>]: ergibt den Schnittpunkt von zwei Linien (1-2) und
                                    (3-4), ohne <Modus> oder mit <Modus>=Wert muß der
                                    Schnittpunkt auf den Linien sein, sonst nicht

POLAR     <Punkt> <Winkel> <Abstand> : ergibt den Punkt im <Abstand> und <Winkel> von
                                    <Punkt>

SIN       <Winkel>                : ergibt den sin des Winkels
```

logische Funktionen

```
AND  <Liste von Ausdrücken>    : ergibt TRUE, wenn alle Ausdrücke der Liste TRUE sind,
                                 sonst NIL

NOT  <Ausdruck>                : ergibt TRUE, wenn <Ausdruck> NIL ist, sonst NIL

NULL <Ausdruck>                : ergibt TRUE, wenn <Ausdruck> NIL ist, sonst NIL

OR   <Liste von Ausdrücken>    : ergibt TRUE, wenn ein einziger <Ausdruck> TRUE ist
```

Benutzereingabe-Funktionen

Auf GET... Funktionen darf nicht mit LISP-Ausdrücken geantwortet werden. [<Anfrage>] bedeutet immer die Möglichkeit einen Anfragetext anzufügen, der an dieser Programmstelle am Bildschirm angezeigt wird.

"Zeigen" bedeutet die Eingabe über ein Digitalisiergerät.

```
GETANGLE   [<Punkt>] [<Anfrage>]: Eingabe oder "Zeigen" eines Winkel, [<Punkt>]=
                                  fakultativer Basispunkt

GETDIST    [<Punkt>] [<Anfrage>]: Eingabe oder "Zeigen" eines Abstandes, [<Punkt>]
                                  =fakultativer Basispunkt
GETINT     [<Anfrage>]          : Eingabe einer Ganzzahl

GETKWORD   [<Anfrage>]          : Eingabe und Kontrolle eines Schlüsselwortes, das durch
                                  INITGET definiert wurde
GETPOINT   [<Punkt>] [<Anfrage>]: Eingabe oder "Zeigen" eines Punktes, [<Punkt>]
                                  =fakultativer Basispunkt
GETREAL    [<Anfrage>]          : Eingabe einer reellen Zahl

GETSTRING  [<cr>] [<Anfrage>]   : Eingabe eines Textes, wenn [<cr>]=TRUE werden
                                  Leerstellen akzeptiert

INITGET [<Bits>] [<Schlüsselwörter>]: initialisiert die nachfolgende GET-Funktion
                                  entsprechende der angegeben [<Bits>] und legt
                                  Schlüsselworte fest

GETENV <Var.-name>              : gibt den Wert der mit Var.-name bestimmten
                                  DOS-Variablen (mit SET gesetzt) zurück
```

Umwandlungsfunktionen

```
ANGTOS  <Winkel> [<Modus> [<Genauigkeit>]]: Umwandlung eines <Winkels> im Bogenmaß in
                          ein Format nach [<Modus> mit entsprechender
                          <Genauigkeit>] Modi: 0=Grad 1=Grad/Min/Sek 2=Neugrad
                          3=Bogenmaß 4=Feldmaß Genauigkeit: Zahl = Anzahl der
                          Dezimalstellen

ASCII   <String>          : ergibt den ASCII-Code des ersten Zeichens

ATOF    <String>          : Umwandlung eines Strings in eine reelle Zahl

ATOI    <String>          : Umwandlung eines Strings in eine Ganzzahl

CHR     <Zahl>            : ergibt das Zeichen, das im ASCII-Code der <Zahl>
                            entspricht

FIX     <Zahl>            : Umwandlung einer <Zahl> in eine Ganzzahl

FLOAT   <Zahl>            : Umwandlung einer <Zahl> in eine reelle Zahl

ITOA    <Ganzzahl>        : Umwandlung einer Ganzzahl in einen String

RTOS <Zahl> [<Modus> [<Genauigkeit>]]: Umwandlung einer <Zahl> in ein Format nach
                          [<Modus> mit entsprechender <Genauigkeit>]
                          Modi: 1=Wiss. 2=Dezimal 3=Fuss/Dez.zoll 4=Fuss/Zoll
                          Genauigkeit: Zahl = Anzahl der Dezimalstellen

TRANS <Punkt> <vonCode> <nachCode> [<Verschiebung>]
                          transformiert Koordinaten in verschiedene
                          Koordinatensysteme. <vonCode> und <nachCode> werden
                          nach folgenden Vereinbarungen eingesetzt:
                          0 = Weltkoordinatensystem
                          1 = aktuelles Benutzerkoordinatensystem
                          2 = Koordinatensystem im aktuellen Ansichtsfenster
                          3 = Koordinatensystem im Papierbereich (nur mit 2)

CVUNIT <Wert> <vonEinheit> <nachEinheit>
                          Umwandlung von Einheiten, die in der Datei ACAD.UNT
                          definiert sein müssen, z.B. (CVUNIT 20 "Minute"
                          "Sekunde")
```

Ein- und Ausgabefunktionen

<Dat.bez.> sind Dateibezeichner (Variable), die von der OPEN-Funktion mit einem Wert bestezt werden. Die Open-Funktion muß deshalb mit SETQ einer Variablen, dem <Dat.bez.> zugewiesen werden.

```
CLOSE       <Dat.bez.>              : schließt eine Datei

LOAD        <Dateiname>             : lädt eine LISP-Datei in den AutoCAD-Arbeitsspeicher

OPEN        <Dateiname> <Modus>:    öffnet eine Datei mit <Dateiname> zum <Modus>
                                    Modi : "w" = write   "r" = read   "a" = append

PRIN1       <Ausdruck> [<Dat.bez.>]: schreibt einen <Ausdruck> am Bildschirm oder in
                                    eine Datei Steuerzeichen werden ausgeführt, keine
                                    Zeilenschaltung

PRINC       <Ausdruck> [<Dat.bez.>]: schreibt einen <Ausdruck> am Bildschirm oder in
                                    eine Datei Steuerzeichen werden geschrieben, keine
                                    Zeilenschaltung

PRINT       <Ausdruck> [<Dat.bez.>]: schreibt einen <Ausdruck> am Bildschirm oder in
                                    eine Datei wie PRIN1, mit Zeilenschaltung

PROMPT      <TEXT   >               : zeigt <TEXT> am Bildschirm an

READ        <String>                : ergibt den <String>

READ-CHAR   [<Dat.bez.>]            : ergibt ein Zeichen des Tastaturpuffers oder der Datei

READ-LINE   [<Dat.bez.>]            : ergibt eine Zeichenkette des Tastaturpuffers oder der
                                      Datei

TERPRI                              : ergibt eine Zeilenschaltung auf dem Bildschirm

WRITE-CHAR <Zahl> [<Dat.bez.>]:     schreibt das Zeichen mit dem ASCII-Code <Zahl> auf den
                                    Bildschirm oder in eine Datei

WRITE-LINE <String> [<Dat.bez.>]:   schreibt den <String> auf den Bildschirm oder in
                                    eine Datei

FINDFILE <Dat.name>                 : Sucht die angegebene Datei entlang aller AutoCAD- und
                                      DOS-Pfade und gibt Dat.name zusammen mit dem
                                      Verzeichnis dieser Datei zurück
```

String-Funktionen

```
STRCASE  <String> [<Modus>]    : Umwandlung von <String>-Buchstaben
                                 Modi : ohne oder NIL = GROSSBUCHSTABEN, mit Wert =
                                 kleinbuchstaben

STRCAT   <String> <String> ...: verkettet <String>+<String>+...

STRLEN   <String>              : ergibt die Zeichenzahl von <String>

SUBSTR <String> <Start> [<Länge>]: ergibt den Teilstring von <String> beginnend bei
                                   <Start>
```

Basis-Funktionen

```
APPEND    <Liste> <Liste> ...    : verkettet <Liste>n zu einer Liste

APPLY     <Funktion> <Liste>     : führt die <Funktion> mit den Argumenten der <Liste>
                                   durch

ASSOC     <Element> <Assoziationsliste>: durchsucht die <Ass.liste> nach dem Kenn-
                                   <Element> und gibt die Unterliste mit dem Kenn-
                                   <Element> zurück

ATOM      <Element>              : ergibt NIL, wenn <Element> eine Liste ist, sonst TRUE

BOUNDP    <Atom>                 : ergibt TRUE, wenn <Atom> einen Wert besitzt, sonst
                                   NIL

CAR       <Liste>                : ergibt das erste Listenelement von <Liste> (Atom
                                   oder Liste)

CDR       <Liste>                : ergibt den Rest der <Liste>

COND      (<Test 1> <Resultat 1>
           <Test 2> <Resultat 2>
           <....>)               : wertet <Testx> aus bis <Testx>=TRUE ergibt und
                                   evaluiert dann das dazugehörende <Resultatx>

CONS      <neues Element> <Liste>: stellt <neues Element> an den Anfang der <Liste>

DEFUN     [C:] <Name> [[/]<Argumente>] <Ausdruck> ...): definiert Funktionen und wertet
                                   Ausdrücke aus, <Argumente> können übergeben werden
                                   oder [/] lokal sein, wird [C:] angegeben so muß
                                   <Argumente> leer () sein, [C:]=AutoCAD-Befehl

EVAL      <Ausdruck>             : wertet <Ausdruck> aus

FOREACH   <Name> <Liste> <Ausdruck> ...: wertet <Ausdruck> mit Pseudovariabler <Name>
                                   aus, wobei für <Name> der Reihe nach jedes Element
                                   der <Liste> eingesetzt wird z.B. FOREACH x <Zahlen-
                                   Liste> (setq a (+ a x)); = Summenbildung

IF <Bedingung> <THEN Ausdruck> <ELSE Ausdruck>: wertet <Bedingung> aus, wenn TRUE
                                   dann <THEN ...>, wenn NIL dann <ELSE ...>

LAMBDA    <Argumente> <Ausdruck> ...: definiert Funktionen ohne Namen direkt und
                                   ergibt den Wert des letzten Ausdruckes

LAST      <Liste>                : ergibt das letzte Element einer Liste

LENGTH    <Liste>                : ergibt die Anzahl der Elemente einer Liste

LIST      <Ausdruck>             : erstellt eine Liste aus beliebigen Ausdrücken

LISTP     <Element>              : ergibt TRUE, wenn das <Element> eine Liste ist, sonst
                                   NIL

LOAD      <Dateiname>            : lädt LISP-Programmdateien von Datenträgern

MAPCAR    <Funktion> <Liste 1> ... <Listen>: führt die <Funktion> mit den Elementen
                                   der <Listen> durch
```

MEMBER	<Ausdruck> <Liste>	:	sucht <Ausdruck> in <Liste> und gibt Listenrest incl. <Ausdruck> zurück
MINUSP	<Element>	:	ergibt TRUE, wenn das <Element> eine negative Zahl ist, sonst NIL
NTH	<n> <Liste>	:	ergibt das <n>-te Element der <Liste>
NUMBERP	<Element>	:	ergibt TRUE, wenn das <Element> eine Zahl ist
PROGN	<Ausdrücke>	:	wertet <Ausdrücke> aus
QUOTE	<Ausdruck>	:	ergibt den nicht ausgewerteten <Ausdruck>
REPEAT	<Zahl> <Ausdruck> ...	:	wiederholt <Zahl> mal die Auswertung von <Ausdruck>
REVERSE	<Liste>	:	kehrt die Reihenfolge der Elemente in <Liste> um
SET	<Name> <Ausdruck>	:	weist <Name> das Ergebnis von <Ausdruck> zu, <Name> kann quotierter Symbolname oder Variablenname sein
SETQ	<Name> <Ausdruck>	:	weist <Name> das Ergebnis von <Ausdruck> zu, <Name> ist Variablenname
SUBST	<Neu-Element> <Alt-Element> <Liste>	:	durchsucht <Liste> nach <Alt-Element> und ersetzt es durch <Neu-Element>
TYPE	<Element>	:	ergibt den Datentyp von <Element> (REAL FILE STR INT SYM LIST SUBR PICKSET)
WHILE	<Bedingung> <Ausdruck> ...	:	wiederholt Auswertung von <Ausdruck>, solange <Bedingung> TRUE ist
ZEROP	<Element>	:	ergibt TRUE, wenn das <Element> eine Zahl ist und den Wert 0 ergibt

AutoCAD-Funktionen

```
COMMAND   <AutoCAD-Befehl mit Befehlsargumenten>: führt AutoCAD-Befehle aus

GETVAR    <Variablenname>        : ergibt den Wert der AutoCAD-Systemvariablen

GRAPHSCR                         : schaltet um auf Graphikbildschirm

OSNAP     <Punkt> <Modus>        : ergibt den Punkt der sich aus <Punkt> zusammen mit
                                   <Modus> ergibt, Modi: gültige Objektfangmodi z.B.
                                   "END,ZEN,NAE"

REDRAW    [<Entityname> [<Modus>]]: führt NEUZEICH aus oder zeichnet ein Element mit
                                   <Entityname> neu Modi: 1=neuzeichnen 2=Element auf
                                   Bildschirm löschen 3=ausleuchten 4=ausleucheten aus

SETVAR    <Variablenname> <Wert>: belegt die Systemvariable mit <Wert>

TEXTSCR                          : schaltet um auf Textbildschirm

TEXTPAGE                           Umschalten auf Textschirm und Bildschirm
                                   löschen

TRANS <Punkt> <KS1> <KS2> [<Verschiebung>]: tranferiert einen <Punkt> vom
                                   Koordinatensystem <KS1> ins
                                   Koordinatensystem <KS2>

                                   <Punkt> : (x, y, z)
                                   <KSx>   : Codezahl 0 = WKS
                                                      1 = akt. BKS
                                                      2 = AKS

VPORTS                           : ergibt eine Liste mit ID-Nummern und Positionen
                                   aller Ansichtsfenster
```

Entity-Funktionen

ENTDEL <Entityname>		: Element mit <Entityname> wird gelöscht oder wenn bereits gelöscht wieder zurückgebracht
ENTGET <Entityname>		: ergibt Entity-Liste des Elements mit <Entityname>
ENTLAST		: ergibt <Entityname> des letzten Elements in der Datenbank
ENTMAKE <Entityliste>		neue Entityliste in die Datenbank einfügen
ENTMOD <Entityliste>		: modifiziert <Entityliste> in der Datenbank
ENTNEXT [<Entityname>]		: ergibt den ersten oder den auf <Entityname> folgenden Entitynamen der Datenbank
ENTSEL [<Anfrage>]		: ergibt <Entityname> und Pick-Punkt-Koordinaten für ein Element
NENTSEL [<Anfragetext>]		wie ENTSEL, jedoch mit Rückgabe von Blockdefinitionen, Attributwerte und Polylinienscheitel
ENTUPD <Entityname>		: modifiziert Bildschirmdarstellung des Elementes mit <Entityname>
HANDENT <Referenz>		: ergibt <Entityname> des Elements das mit <Referenz> referenziert ist
SSADD [<Entityname> [<Auswahlsatz>]]: erzeugt neuen Auswahlsatz oder hängt <Entityname> an den bestehenden <Auswahlsatz> an
SSDEL <Entityname> <Auswahlsatz>: löscht <Entityname> im <Auswahlsatz>
SSGET [<Modus>] [<Punkt 1> [<Punkt 2>]]: bildet Auswahlsatz mit Entitynamen gemäß [<Modus>] Modi: alle Eingaben von AutoCAD-WAHL : "V" "L" "F" "K" ... für Fensterwahl mit <Punkt x>-Koordinaten
SSGET "X" <Filterliste>		: bildet Auswahlsatz mit für <Filterliste> zutreffende Entitynamen <Filterliste>: Assoziationslisten der Elemente, z.B. ((8 . "MITTEL"))
SSLENGTH <Auswahlsatz>		: ergibt Anzahl der Elemente in <Auswahlsatz>
SSMEMB <Entityname> <Auswahlsatz>: ergibt <Entityname>, wenn <Entityname> im <Auswahlsatz> enthalten ist, sonst NIL
SSNAME <Auswahlsatz> <Index> : ergibt den Entitynamen, der im <Auswahlsatz> an <Index> ter Stelle steht

Speicherzugiffs-Funktionen

```
GRCLEAR                                    : löscht den Bildschirm

GRDRAW    <von Punkt> <nach Punkt> <Farbe> [<Ausleuchten>]: zeichnet eine Linie nur auf
                                  dem Bildschirm!

GRREAD    [<ZUG>]                          : ließt Eingabegeräte, näheres AutoLISP-Handbuch

GRTEXT    <Feld> <Text> [<Ausleuchten>]: schreibt <Text> in den Graphikbildschirm
                                  Feld:  =Bildschirmzeilennummer -1
                                        -1=Modusstatuszeile    -2=Koordinatenstatus-
                                        zeile

TBLNEXT   <Tabellenname> [<erster>]: ergibt Einträge in der System-Tabelle <Tabellenname<
                                  gültige Tab.namen: "LAYER", "VIEW"
                                                     "LTYPE", "STYLE", "BLOCK"
                                                     "VCS", "VPORT"
                                  für <erster> = TRUE wird der erste Eintrag
                                  zurückgegeben

TBLSEARCH <Tabellenname> <Symbol> [<Setzfolge>]: sucht in <Tabellenname> nach
                                  <Symbol>-Name und gibt den vollständigen Tabellen-
                                  eintrag zurück
```

sonstige Funktionen

```
TRACE     <Funktion>              : Kontrollfunktion ein, ergibt Ergebnisanzeige von
                                    <Funktion>

UNTRACE   <Funktion>              : Kontrollfunktion aus

WCMATCH   <string> <wild-cards>     kontrolliert die Gültigkeit eingegebener
                                    "wild cards"

VER                               : ergibt AutoLISP-Versionsnummer

*ERROR*   <String>                : Funktion : (DEFUN *ERROR* (xxx)
                                                      (<Ausdruck><Ausdruck><Ausdruck>)
                                               )
                                    wird bei Fehlern ausgeführt

VMON                              : Funktion : wird nur einmal (!) aufgerufen und lagert
                                    bei Speicherplatzmangel nachfolgend definierte
                                    Funktionen auf Platte aus
```

ADS- und EED-Funktionen

```
ADS                               geladene ADS-Applikationen listen

REGAPP   <Applikationsname>       prüft und erzeugt Applikationsdatenlisten

XDSIZE   <externe Datenliste>     ermittelt die Größe einer externen Datenliste

XDROOM   <Entity-Name>            ermittelt den Speicherplatz für
                                  externe Datenlisten

XLOAD    <Programmname>           lädt ADS-Applikationsprogramme (*.EXP)

XUNLOAD  <Programmname>           entfernt Applikationsprogramme aus dem Arbeitsspeicher
```

A3 EED und ADS, Externe Entity Daten und externe Applikationen

Insbesondere durch die beiden, ab AutoCAD 11 völlig neuen Funktionen: „Papier- und Modellbereich" sowie der „ADS-Schnittstelle", wurde es notwendig, auch neue Entitydefinitionen in die Zeichnungsdatenbank einzufügen. Für die Arbeit mit den neuen Entities gelten folgende Vereinbarungen:

Elemente im Papierbereich sind normale AutoCAD Elemente und in sogenannten **Paperspace-Entitylisten** abgelegt. Diese Elemente unterscheiden sich nur durch einen zusätzlichen Gruppencode von den Elementen des Modellbereiches. Sie beinhalten neben den normalen Entity-Gruppen die eigene **Entity-Gruppe (67 . 1)**.

Bei **ADS-Applikationen** werden externe Entities durch externe Datenlisten innerhalb der Entityliste definiert. Hierfür gibt es den neuen übergreifenden **Entitygruppencode – 3**, der externen Datenlisten vorangestellt werden muß.

Beispiel einer externen Datenliste:

```
(-3 ("TEST" (1000 . "TESTDEF")
            (1002 . "{")
            (1004 . 0.0)
            (1040 . 1.0)
            (1002 . "}")
    )
)
```

Die neuen externe Entitycodes 1000–1071 sind für externe Entitydaten reserviert. Folgende Vereibarungen gelten derzeit:

Liste externer Entitycodes

Entitycode	Verwendung für
	allgemeine Entitydaten
1000	Zeichenkette im ASCII Code (max. 255 Zeichen)
1001	Applikationsname, -identifikation
1002	EED-Kontrollzeichen { oder }
1003	Layername
1004	binäre Entitydaten (max. 127 Byte), können nicht mit AutoLISP bearbeitet werden
1005	Entityreferenz (handle)
1010	3D Punkt, 3 Realzahlen, nicht durch AutoCAD beinflußbar
1040	Realzahl
1070	16 bit Ganzzahl
1071	32 bit Ganzzahl, kann nicht mit AutoLISP bearbeitet werden
	AutoCAD kontrollierte Entitydaten
1011	3D WKS Punkt
1012	3D WKS Verschiebungswert
1013	3D WKS Richtungsvektor
1041	Abstand, Realzahl, wird durch VARIA beeinflußt
1042	Faktor, Realzahl, wird durch VARIA beeinflußt

A4 Entity-Übersichtstafel

CODE	ENTITY	PUNKT	LINIE	BOGEN	KREIS	POLYLINIE	SYMBOL	3DFLAECH	SOLID
-3	EED								
-2		-	-	-	-	-		-	
-1	Hex.Nr.:	Ent.name	Ent.name	Ent.name	Ent.name	Ent.name	Ent.name	Ent.name	Ent.name
0	Entity:	POINT	LINE	ARC	CIRCLE	POLYLINE	SHAPE	3DFACE	SOLID
1	Text:	-	-	-	-	-		-	-
2	Name:						Symb.name		
3-4	div.Text:								
5	Referenz:	Ref	Ref	Ref	Ref	Ref	Ref	Ref	Ref
6	Linetyp	Linetyp	Linetyp	Linetyp	Linetyp	Linetyp	Linetyp	Linetyp	Linetyp
7	Textstil:								
8	Layer:	Layer	Layer	Layer	Layer	Layer	Layer	Layer	Layer
10	Koord.:	xyz	1.-xyz	mit-xyz	mit-xyz	1.-xyz	Bas.-xyz	1.-xyz	1.-xyz
11	Koord.:		2.-xyz					2.-xyz	2.-xyz
12	Koord.:							3.-xyz	3.-xyz
13	Koord.:							4.-xyz	4.-xyz
14	Koord.:								
15	Koord.:								
16	Koord.:								
38	Erhebung:	Erhebung	Erhebung	Erhebung	Erhebung	Erhebung		Erhebung	Erhebung
39	Obj.höhe:		Obj.höhe	Obj.höhe	Obj.höhe	Obj.höhe	Obj.höhe	Obj.höhe	Obj.höhe
40				Radius	Radius	1.-Breite	Maßstab		
41						2.-Breite			
42									
43									
44									
45									
50	1.-Winkel:			Startwinkel			Winkel		
51	2.-Winkel:			Endwinkel			Neigungsw.		
62	Farbe:	Farb-Nr.	Farb-Nr.	Farb-Nr.	Farb-Nr.	Farb-Nr.	Farb-Nr.	Farb-Nr.	Farb-Nr.
66	Flagbit-Elemente folgen:					Attrib.			
67	nur für Paperspace Entities, Wert = 1								
70-73	verschiedene Flagbits:								
210	Koordinaten des Hochzugsrichtungsvektors aller 3D-Elemente								
999	Kommentare - werden nicht gespeichert !								
1000-1071	nur für extended Entitydaten mit dem Gruppencode -3								

A4 Entity-Übersichtstafel

BAND	EINFUEGE	ATT.DEF.	ATTRIB.	TEXT	BEMASS	VERTEX (Scheitel)	SEQEND (Unter-Ent.)	ANSFEN	CODE
									-3
-	-	-	-	-	-	-	Haupt-Entity		-2
Ent.name	Ent.name	Ent.name	Ent.name	Ent.name	Ent.name	Ent.name	Ent.name	Ent.name	-1
TRACE	INSERT	ATTDEF	ATTRIB	TEXT	DIMENSION	VERTEX	SEQEND	VIEWPORT	0
-	-	Vorgabe-Text	Text	Text	Maßtext				1
	Blockname	Bezeichn.	Bezeichn.						2
		Anfrage							3-4
Ref	Ref	Ref	Ref	Ref	Ref			Ref	5
Linetyp	Linetyp	Linetyp	Linetyp	Linetyp	Linetyp	Linetyp		Linetyp	6
			Textstil						7
Layer	Layer	Layer	Layer	Layer	Layer	Layer	Layer	Layer	8
1.-xyz	Bas.-xyz	Txt.-xyz	Txt.-xyz	Bas.-xyz	Bas.-xyz	xyz		Mitte.-xyz	10
2.-xyz	2.-xyz	2.-xyz	mit.-xyz	2.-xyz	mit.-xyz				11
3.-xyz					div.-xyz				12
4.-xyz					div.-xyz				13
					div.-xyz				14
					div.-xyz				15
					div.-xyz				16
Erhebung	Erhebung	Erhebung	Erhebung	Erhebung	Erhebung	Erhebung	Erhebung		38
Obj.höhe	Obj.höhe	Obj.höhe	Obj.höhe	Obj.höhe	Obj.höhe	Obj.höhe	Obj.höhe		39
			Txt.höhe	Txt.höhe	Txt.höhe	Führ.lng	1.-Breite	Breite	40
	X-Faktor	Breitfak	Breitfak	Breitfak		2.-Breite		Höhe	41
		Y-Faktor							42
		Z-Faktor							43
		Kol.Abstd							44
		Rei.Abstd							45
Winkel	Winkel	Winkel	Winkel	Winkel					50
		Winkel der Buchstabenschräglage							51
Farb-Nr.	Farb-Nr.	Farb-Nr.	Farb-Nr.	Farb-Nr.	Farb-Nr.	Farb-Nr.	Farb-Nr.	Farb-Nr.	62
		Attribut							66
									67
		Kol./Reih-Anzahl						68=ID.Nr.	70-73
									210
									999
									1000-1071

A5 Wild-cards für Namenseingaben

Ab AutoCAD Rel.11 sind die wild-cards (Jokerzeichen) für Namenseingaben mit den folgenden Zeichen und Bedeutungen stark erweitert worden. Die AutoLISP Funktion WCMATCH kontrolliert die Eingabe dieser Zeichen, die in beliebigen anderen AutoLISP-Funktionen, in denen ein sinnvoller Einsatz möglich ist, zur Anwendung kommen können.

* Sternchen, Asterix, Platzhalter für Zeichenfolge
- AB*   = ABC, ABCD, ABCDE
- *DE   = CDE, BCDE, ABCDE
- A*E   = ABE, ACDE, ABCDE
- *B*   = ABC, ABCD, ABCDE

? Fragezeichen, Platzhalter für ein Zeichen (alphanumerisch)
- AB?   = ABC, ABD, ABE
- ?DE   = CDE, BDE, ADE
- A?E   = ABE, ADE, ACE
- ?B?   = ABC, DBC, CBE

@ Klammeraffe, Platzhalter für einen Buchstaben (alphabetisch)

 # Doppelkreuz, Gartenzaun, Platzhalter für eine Zahl (numerisch)

. Punkt, Platzhalter für ein Sonderzeichen (nicht alphanumerisch)

~ Tilde, negiert die folgenden Zeichen
- ~*AB*   = alle Zeichenketten, ohne AB
- ~AB   = alle Zeichenketten, außer AB
- ~*AB   = alle Zeichenketten, die nicht mit AB enden

[~...] eckige Klammern, addiert je ein Zeichen der Klammer zu den nachfolgenden Zeichen
- [ABC]X   = AX, BX, CX

[~...], negiert je ein Zeichen der Klammer zu den nachfolgenden Zeichen
- [ABC]X   = alle Zeichenketten, außer AX, BX, CX

- Strich, bestimmt einen alphanumerischen Bereich
- [A-E]X   = AX, BX, CX, DX, EX
- [A-E]X   = alle Zeichenketten, außer AX, BX, CX, DX, EX
- TL[1-9]   = TL1, TL2 ... TL9

, **Komma**, Trennzeichen zwischen verschiedenen Angaben ABC,*XYZ,123*
(z.B. in LISP-Ausdrücken)

' **Apostroph**, nimmt das nachfolgende Sonderzeichen als Ausdruck.
   Der Dateinamengruppe: *BC-12 muß geschrieben werden als *BC'-12 der Apostroph bewirkt in diesem Fall, daß der Strich als Sonderzeichen gelesen wird und nicht als wild-card-Symbol.

Stichwortverzeichnis

"!" 15
* 164
ERROR 174
+ 164
− 164
/ 164
/= 164
1+ 164
1− 164
< 164
<= 164
= 164
> 164
>= 164
\e 28
\n 28
\r 28
\t 28
\xxx 28

ABS 164
ACAD.LSP 121
ACAD.MND 122
ACAD.MNU 122
ACAD.PGP: 118
ACADFREERAM 2
AND 13, 165
ANGLE 41, 165
Apostroph ' 61
append 44
APPEND 170
APPLY 170
Argumente 4
ASCII 167
ASSOC 73, 170
ATAN 11, 165
ATOF 167
ATOI 167
ATOM 170
Atome 5
Ausrufezeichen 15
Auswahlsatz bilden 104
Authorized Training Center 178
AutoCAD 23
AutoCAD-Befehle 20
AutoCAD-Befehle, neue 23

AutoCAD-Funktionen 172
AutoLisp, erweitertes 2
AutoLISP-Funktionen 163

Basis-Funktionen 170
Befehlsreferenz 163
Benutzereingabe-Funktionen 166
Bildschirm 48
Bitcode 37
Bogenmaß 11
BOUNDP 170

CADDR 67
CADR 65
CAR 62, 170
CDR 64, 170
CHR 167
CLOSE 47, 168
COMMAND 23, 172
COND 80, 170
CONS 70, 170
COS 11, 165

Datei, sequentielle 44
Dateiausgabefunktionen 48
Dateifunktionen 43
Dateikennzeichen 44
Dateiname 44
Datensatz 102
Datentypen 5
DEFUN 18, 20, 170
DEFUN S:: 20
Dezimalzahl 9
Direktmodus 8
DISTANCE 40, 165
Dotted Pairs 6, 102

EDIT 16
EDLIN 118
Ein- und Ausgabefunktionen 168
Eingabe einer Entfernung 31
Eingabe einer Ganzzahl 35
Eingabe eines Winkels 32
Eingabe von Punkt-Koordinaten 29
Eingabe von Realzahlwerten 34
Eingabe von Schlüsselwörtern 39
Eingabe von Text 36
Eingabeanweisungen 28
ENTDEL 112, 173
ENTGET 110, 173
ENTITIES 101
Entity-Funktionen 173
Entity-Liste 102, 110

Entity-Namen 107
ENTLAST 112, 173
ENTMOD 111, 173
ENTNEXT 112, 173
ENTSEL 109, 173
ENTUPD 111, 173
EVAL 170
evaluiert 4
EXP 164
EXPT 164
Extended Memory 2
EXTLISP.EXE 3

Fehlerbehandlung 126
Filterliste 104
FINDFILE 168
FIX 167
FLATLAND VII
FLOAT 167
FOREACH 170
Funktion 4
Funktion, bedingte 80
Funktion, definieren 18
Funktionen, arithmetische 164
Funktionen, geometrische 165
Funktionen, logische 13, 165
Funktionen, sonstige 174
Funktionen, trigonometrische 11, 165

Ganzzahlen 5
GCD 164
GET 28
GETANGLE 32, 166
GETCORNER 33
GETDIST 31, 166
GETENV 166
GETINT 35, 166
GETKWORD 39, 166
GETPOINT 29, 166
GETREAL 34, 166
GETSTRING 36, 166
GETVAR 92, 172
Gleitkommawerte 34
GRAPHSCR 172
GRCLEAR 174
GRDRAW 174
GRREAD 174
GRTEXT 174
Grundrechenarten +−/ ★ 9

HANDENT 113, 173

IF 82, 170
IF-THEN-ELSE 55
IF...THEN...ELSE 82
INITGET 37, 166
Installation 2
insufficient node space 21
Integer 35
INTERS 165
ITOA 167

Klammerebene 4
Klammern 4
Klein/Großschreibung 91
Kommentar 4
Kompatibilität VII
Koordinaten 68

LAMBDA 170
LAST 170
Leerzeichen 36
LENGTH 170
LISPHEAP 2
LISPSTACK 2
LISPXMEM 3
LIST 60, 170
Liste 58
Liste erzeugen 60
Listen 5
Listen vergleichen 73
Listen-Verarbeiter 58
Listenelement einfügen 70
Listenelemente austauschen 71
LISTP 170
LOAD 21, 168, 170
LOG 164

MAPCAR 170
Mathematik 9
MAX 164
MEMBER 171
MIN 164
MINUSP 171
MOD 164

NIL 7
NOT 13, 165
NTH 171
NULL 165
NUMBERP 171

Objekte wählen 104
Objektfang 91
OPEN 44, 168

OR   13, 165
OSMODE   95
OSNAP   172

PI   11
POLAR   42, 165
PRIN1   49, 168
PRINC   49, 168
PRINT   50, 168
PROGN   83, 171
Programm laden   21
Programm-Modus   16
Programmkommentare   4
Programmstruktur   4
Programmtexte   118
PROMPT   48, 168

QUOTE   61, 171

read   44
READ   168
READ-CHAR   45, 168
READ-LINE   45, 168
Realzahlen   34
REDRAW   172
REFERENZ   113
Referenzelement   113
Rekursionen   79
REM   164
REMLISP   3
REPEAT   86, 171
REVERSE   171
RTOS   167

Schlüsselwort   37
Schlüsselwortliste   37
Schnittstelle   23
SET   171
SETQ   14, 22, 171
SETVAR   94, 172
SIN   11, 165
Speichergröße   3
Speicherzugriffs-Funktionen   174
SQRT   164
SSADD   108, 173
SSDEL   108, 173
SSGET   104, 173, 173
SSLENGTH   106, 173
SSMEMB   108, 173
SSNAME   107, 173
Startadresse   3

STARTUP   20
STRCASE   96, 169
STRCAT   169
Strichpunkt   4
String-Funktionen   169
STRLEN   169
SUBST   71, 171
SUBSTR   169
Systemvariable   91
Systemvariable für Objektfang   95
Systemvariable lesen   92
Systemvariable schreiben   94

TBLNEXT   174
TBLSEARCH   174
TERPRI   51, 168
TEXTSCR   172
Textverarbeitung   118
TRACE   174
Trainigszentren ATC   VII
TRANS   172
TRUE   7
TYPE   171

Umwandlungsfunktionen   167
Unterlisten   58
UNTRACE   174

Variable   5
Variable, globale   18
Variable, lokale   5, 19
VER   174
Vergleichsfunktionen = < > /=   12
Verzweigungen   79
VMON   174
VPORTS   172

WHILE   84, 171
write   44
WRITE-CHAR   46, 168
WRITE-LINE   46, 168
XLISP   V

Zahlen, reelle   5
Zeichen lesen   45
Zeichen schreiben   46
Zeichenketten   5
Zeichnungsdatenbank   111
ZEROP   171
Zusatzspeicher   2
Zuweisungen   22

Hanser

VORSPRUNG
DURCH
TECHNIK
WISSEN

Schnell und systematisch: Der CAD-Einstieg

Scheuermann-Staehler
CAD lernen mit AutoCAD
Einführung in das computerunterstützte Zeichnen und Konstruieren. CAD-spezifische Hard- und Software. Technisches Zeichnen mit CAD. Konstruieren mit CAD. Von Dipl.-Ing. Günter Scheuermann-Staehler, Fachschule für Technik, Würzburg. 340 Seiten. 3., bearbeitete Auflage 1991. Kartoniert.
ISBN 3-446-16495-2

CAD wird am Beispiel von AutoCAD von Grund auf systematisch dargestellt und eingeführt. Viele Beispiele (ca. 300 Bilder und Zeichnungen) erläutern an jeder Stelle den Lerntext, der jeweils durch Kontrollfragen und Arbeitsblätter abgeschlossen wird.

Die Lerninhalte sind weitgehend branchenunabhängig und können auch ohne weitere Computerkenntnisse leicht erlernt und geübt werden. In kleinen, gründlichen Lernschritten wird der Lernende so vom einfachen Zeichnen bis in die Bereiche der CAD-eigenen Konstruktionstechniken (Makrotechnik, Variationskonstruktion etc.) geführt.

Das Buch erfüllt auch alle Anforderungen, die sich aus den Lehrplänen für die berufliche Aus- und Weiterbildung an Berufs- und Fachschulen ergeben, und ist daher sowohl für den CAD-Unterricht als auch für das Selbststudium hervorragend geeignet.

Der AutoCAD-Anwender in der Praxis bekommt eine übersichtliche, leicht bearbeitbare Hilfe zur Hand, die als pädagogische Ergänzung zum Handbuch eine Lücke in der Programmeinarbeitungsphase schließt. Zusammen mit dem bewährten Aufgaben- und Übungsbuch liegt jetzt ein vollständiges Lernsystem für alle CAD-Einsteiger vor.

Inhaltsübersicht

- Einführung: Grundlagen der Hard- und Software für den Einsatz mit CAD

- Technisches Zeichnen mit AutoCAD

- Konstruieren mit CAD, Erstellen und Anwenden von Makros

Carl Hanser Verlag

Postfach 86 04 20
8000 München 86
Telefon (0 89) 9 98 30-0
Fax (0 89) 98 48 09

Hanser
VORSPRUNG
DURCH
TECHNIK
WISSEN

*L*ernen und anwenden: CAD praxisnah

Scheuermann-Staehler/ Goldstein
Aufgaben und Übungen zu 'CAD lernen mit AutoCAD'
Über 60 Arbeitsblätter mit Lösungshinweisen und vielen Beispielen zu CAD-Arbeitstechniken. Von Dipl.-Ing. Günter Scheuermann-Staehler, Fachschule für Technik, Würzburg, und Robert Goldstein, Thüngen. 153 Seiten. 1990. Kartoniert. ISBN 3-446-16113-9

CAD lernen bedeutet vor allem, sich in neue Arbeitstechniken einzuarbeiten, neue Methoden der Zeichnungsherstellung kennenzulernen und die zentrale Rolle der technischen Datenverarbeitung im Betrieb zu begreifen. CAD lernen sollte somit weder die monotone Übung und Ausführung von abstrakten Befehlen noch

die Übertragung der Tätigkeit des technischen Zeichnens auf den Computer sein.

Aus diesen Erkenntnissen heraus entstand dieses Aufgaben- und Übungsbuch, das in methodisch hervorragender Form, von den Anforderungen der Praxis geleitet, in über 60 einzelnen Übungen das Lernziel CAD klar und deutlich in seinem Umfeld erscheinen läßt.

Der Befehlsumgang der Übungen orientiert sich am 2D-Befehlsumfang der AutoCAD Version 10. Zu diesem Buch sollte eine Diskette mit über 60 AutoCAD Zeichnungen und zahlreichen Hilfsdateien und -programmen bezogen werden.

Alle Zeichnungen sind ohne Konvertierung ab AutoCAD Version 2.5 bearbeitbar. Übungen, die Funktionen aktueller AutoCAD Versionen beinhalten, können nur mit diesen Versionen bearbeitet werden. Zur Bearbeitung aller Übungen genügt eine beliebige AutoCAD Demoversion, es werden keinerlei Anforderungen an die Hardware gestellt.

Carl Hanser Verlag
Postfach 86 04 20
8000 München 86
Telefon (0 89) 9 98 30-0
Fax (0 89) 98 48 09